.

碳中和

THE ROADMAP OF
CARBON NEUTRAL INDUSTRIES

产业路线

刘强　袁铨　编著

社会科学文献出版社
SOCIAL SCIENCES ACADEMIC PRESS (CHINA)

前　言

　　应对气候变化是世界各国共同面临的重大议题。以全球变暖为主要特征的气候变化成为整个人类社会共同面临的严峻挑战，因此，应对气候变化需要各国的共同努力。一直以来，中国在应对全球气候变化方面做出了积极的贡献，可再生能源投资居世界第一位，累计减少的二氧化碳排放也居世界首位。

　　2020 年 9 月，在第七十五届联合国大会期间，习近平主席代表中国向世界承诺："中国将提高国家自主贡献力度，采取更加有力的政策和措施，二氧化碳排放力争于 2030 年前达到峰值，努力争取 2060 年前实现碳中和。"[1]

---

[1] 《习近平在第七十五届联合国大会一般性辩论上的讲话（全文）》，新华网，http://www.xinhuanet.com/politics/leaders/2020-09/22/c_1126527652.htm，2020 年 9 月 22 日。

1

2020 年，我国已经取得了脱贫攻坚战的胜利，基本上完成了全面建成小康社会的艰巨任务，正在向建设社会主义现代化国家的目标迈进。在这样一个时代大背景下，加快推进能源革命，发展低碳和清洁能源，实现 2030 年之前碳达峰和 2060 年之前碳中和的目标，推动生态文明建设，是时代赋予能源界的重要使命。

这一承诺是中国作为一个发展中国家主动提出的，代表着中国对应对气候变化问题的新认识、新行动。这也意味着中国这样一个高度依赖煤炭、石油等化石能源的超大经济体，产业结构与能源结构必须进行根本性的转型，才能实现这一目标。这不仅是对能源领域的挑战，更是对整个国民经济的挑战。同时，我们也应该看到，这一挑战同时也是能源与相关产业经济的重要发展机遇。我们要明确，能源转型不是以减缓发展为代价，而是要通过创新能源新技术、创造能源新业态，来推动经济更好、更快、更绿色的发展。

经济、能源、环境构成了一个相互依赖、相互影响的有机系统。经济与民生需要能源消费，能源消费产生温室气体排放，形成对全球气候环境的冲击和影响，这一影响形成了对环境承受力的约束，这一约束又对经济发展的方式提出更高的要求。

2021 年 9 月 13 日，习近平总书记在国家能源集团榆林化工有限公司考察时强调："能源产业要继续发展，否则不足以支撑国家现代化。煤炭能源发展要转化升级，走绿色低碳发展的道路。这样既不会超出资源、能源、环境的极限，又有利于实现碳达峰、碳中和目标，适应建设人类命运共同体的要求，把我们的地球家园呵护好。"①

2021 年 10 月 12 日，习近平主席以视频方式出席在昆明举行的《生物多样性公约》第十五次缔约方大会领导人峰会并发表讲话："为推动实现碳达峰、碳中和目标，中国将陆续发布重点领域和行业碳达峰实施方案和一系列支撑保障措施，构建起碳达峰、碳中和'1+N'政策体系。中国将持续推进产业结构和能源结构调整，大力发展可再生能源，在沙漠、戈壁、荒漠地区加快规划建设大型风电光伏基地项目，第一期装机容量约 1 亿千瓦的项目已于近期有序开工。"②

为实现中国 2035 年和 2050 年发展目标，中国能源产业仍然要继续发展。2021 年 9 月，我国多地出现"有序用电"现象，这提示我们，能源电力体系必须发展，能源安全必须重视，新能源所占比重提高之后如何实现能源电力系统的稳健性，如何为经济发展提供绿色和成本可接受的能源服务，是未来"双碳"工作的重点。

我们需要在满足经济与民生对能源需求、在经济上合理和安全稳定的前提下，推动以高碳化石能源为主向以碳中性能源、低碳能源和非碳能源为主的转型。具体来说，煤炭和石油是典型的高碳能源，天然气、醇醚燃料可以视为低碳能源，生物能源（如生物柴油、生物乙醇燃料、生物质发电、沼气）、废弃物回收能源、二氧

---

① 《榆林，如何摆脱"只有增长，没有发展"？》，网易，https://www.163.com/dy/article/GJT2M8CO0512B07B.html，2021 年 9 月 14 日。

② 《习近平在〈生物多样性公约〉第十五次缔约方大会领导人峰会上的主旨讲话（全文）》，央广网，http://china.cnr.cn/gdgg/20211012/t20211012_525631263.shtml，2021 年 10 月 12 日。

化碳循环制成的燃料可以看作碳中性能源,风电、水电、太阳能、核电等可以看作非碳能源(尽管从全生命周期角度要考虑它们是否使用了高碳能源)。

本书对如何实现 2030 年之前碳达峰和 2060 年之前碳中和的目标进行针对性的分析,提出具体的发展建议。首先要建立稳健的能源和电力系统,这样才能保障稳定的能源供应和经济社会的可持续发展。其次,要建设以非碳能源、新能源为主体的新型能源电力系统,形成碳中和完整产业生态,从风电、光伏发电等可再生能源电力到氢能、甲醇、二氧化碳回收利用,形成能量和碳物质循环的产业闭环,这样才能以产业化的方式实现"双碳"目标;在能源体系之外,要实现工业领域的脱碳,建立低碳化的工业生产体系。最后,依托碳交易体系和基于自然的碳汇过程,运用生态文明建设思想和市场化手段,实现生态体系的价值,发挥生态体系的碳中和作用。

实现碳达峰、碳中和,是党中央统筹国内国际两个大局做出的重大战略决策,是着力解决资源环境约束突出问题、实现中华民族永续发展的必然选择,也是构建人类命运共同体的庄严承诺。实现碳达峰、碳中和目标是一个系统性工程,只要我们以生态文明建设思想为指导,遵循经济发展、产业技术进步的规律,"双碳"目标是一定能够实现的。

目　录

第一章　碳中和理念与国际目标

近年来，国际各方都越来越关注全球气候变化问题。按经济分析的语言来表述，引起全球变暖的温室气体排放，是一个环境外部性（Environmental Externality）问题和对公共产权资源（Common-Property Resources）过度使用问题。

大气是一种全球共有资源（Global Commons），每个人和企业都可以向其排放气体或特殊形式的气体废弃物。因此，全球污染创造了一种对每个人均有负面影响的"公共品"，它具有极大的负外部性。为此许多国家制定了环境保护法律以限制当地和区域的污染物排放。在经济学方法中，这些法律在某种程度上是把负外部性内部化（Internal Externalities），即对产生负外部性的废弃物排放征收费用或者罚金。

不控制二氧化碳（CO_2）等温室气体的排放，短期对地表没有有害的影响；然而，二氧化碳和其他温室气体在大气中的积累则对世界气候产生显著的恶劣影响，尽管这些影响产生的可能规模和时间还不明确。因为二氧化碳和其他温室气体在大气中持续积累，稳定或"冻结"其数量不能解决问题，只有大量降低排放水平，才能减少累积存量。对此，各国和全球均面临着巨大挑战，政策措施涉及科学、经济和社会等方方面面。

一 从气候变化到碳中和

（一）作为人类共同挑战的气候变化

1. 气候变化相关概念

《联合国气候变化框架公约》[①]对气候变化相关概念的解释如下。

（1）"气候变化的不利影响"指气候变化所造成的自然环境或生物区系的变化，这些变化对自然的和管理下的生态系统的组成、复原力或生产力，或对社会经济系统的运作，或对人类的健康和福利产生重大的有害影响。

（2）"气候变化"指除在相似时期内所观测的气候的自然变异之外，由于直接或间接的人类活动改变了地球大气的组成而导致的气候变化。

（3）"气候系统"指大气圈、水圈、生物圈和地圈整体及其相互作用。

（4）"排放"指温室气体和（或）其前体在一个特定地区和时

[①] https://unfccc.int/sites/default/files/convchin.pdf.

期内向大气的释放。

（5）"温室气体"指大气中那些吸收和重新放出红外辐射的自然的和人为的气态成分。

（6）"区域经济一体化组织"指由一个特定区域的主权国家组成的组织，有权处理本公约或其议定书所规定的事项，并按其内部程序获得正式授权签署、批准、接受、核准或加入有关文书。

（7）"库"指气候系统内存储温室气体或其前体的一个或多个组成部分。

（8）"汇"指从大气中清除温室气体、气溶胶或温室气体前体的任何过程、活动或机制。

（9）"源"指向大气排放温室气体、气溶胶或温室气体前体的任何过程或活动。

2. 温室效应

太阳光线透过温室的玻璃可以提高室内温度，同时玻璃可以阻碍温室内热量的流失。法国科学家 Jean Baptiste Fourier 于 1824 年首次描述了全球温室效应（地球的大气就像温室的玻璃）：云、水蒸汽和自然温室气体二氧化碳、甲烷、氧化亚氮、臭氧让太阳辐射进入地球，但阻碍红外线热量外流。于是，自然的温室效应（Greenhouse Effect）产生，使地球更适合生命的产生和存续。如果没有它，地球表面的平均温度仅为 $-18\,^{\circ}\!C$ 左右，而不是 $15\,^{\circ}\!C$ 左右。

1896 年，瑞典科学家 Svante Arrhenius 介绍了加强或者人造温室效应的可能性。他认为如果增加煤的燃烧利用，尤其是与工业化过程同步进行的话，将导致大气中二氧化碳浓度增加并使地球温度提高。进入 20 世纪以后，温室气体排放急剧增加。大气中二氧化碳的浓度比工业化前增加了 25%。除了像煤、石油和天然气等化石能源燃烧能提升温度外，人造化学物质如氯氟烃（CFCs）以及工农业活动产生的甲烷和氧化亚氮的排放都能提升温室效应。①

1988 年，为科学发布关于气候变化的权威观点，联合国环境规划署和世界气象组织共同成立了政府间气候变化专门委员会（Intergovernmental Panel on Climate Change，IPCC）。在人为引起温室效应方面，2001 年 IPCC 的结论是"有新的更有力的证据说明，最近 50 年可观测到的大部分气候变暖归因于人类活动"。②

按目前的排放趋势，到 2050 年，温室气体浓度将比工业化前翻番。科学家可以使用一般的循环模型——大气的大规模数学模型来模拟增加温室气体浓度的效应。IPCC 预测，如果全球平均气温提高 1~6℃，将对全世界的气候产生显著的影响。

温室气体积累增长已经引起了地表温度可感受到的上升。虽然气候变暖是自然趋势，但 IPCC 还是认为人类活动带来的影响对大气在"最近 50 年可观测到的变暖有重要贡献"。20 世纪，全球平均气温上升了大约 1℃。

IPCC 的科学家预测，下一个世纪，温室气体持续排放将使平均气温进一步提高 1~6℃。地球平均气温稳定提高对气候产生许多显著的影响。例如，一个很可能的影响是海水膨胀，极地与冰川融化提升海平面。这对陆地和低洼海岸区域具有严重影响。

---

① Samuel Fankhauser，*Valuing Climate Change: The Economics of the Greenhouse*（London:Earthscan Publications, 1995）.

② 资料来源：https://archive.ipcc.ch/publications_and_data/ar4/wg1/zh/spmsspm-5.html。

温室气体至少有下列七种。

二氧化碳（CO_2）：主要在燃烧化石燃料时排放。

甲烷（CH_4）：主要由反刍动物（如绵羊和母牛）以及垃圾填埋场排放。

氧化亚氮（N_2O）：主要由农业肥料使用和有机肥料使用产生排放。

氢氟碳化合物（HFCs）：主要由制冷设备排放。

全氟化碳（PFCs）：主要由铝产业排放。

六氟化硫（SF_6）：主要由开关设备排放。

三氟化氮（NF_3）：主要在计算机制造过程中排放。

二氧化碳是对环境威胁最大的温室气体，不但因为它排放量大，而且因为它在大气中会存在数百年以上；另一类生命周期长的温室气体是氧化亚氮，也能存在 100 年以上。

因此，大多数企业（组织）把二氧化碳作为优先减少的温室气体。

3. 联合国有关全球气候变化的目标

联合国在 2015 年制定了 17 项可持续发展目标（SDGs），当时的设想是多数目标要在 2030 年达成。例如，针对 SDGs 1 的消除贫困，就要求在 2030 年前消除每天生活费不到 1.25 美元的极度贫困；或是在 2030 年确保每个人都可以有负担得起的洁净能源可以使用、落实森林生态保护等。

2015 年的联合国气候峰会通过了《巴黎协定》，有上百个国家承诺在 2050 年以前达到碳中和的目标。《巴黎协定》最大的意义在于，做出承诺的国家纷纷推动国内立法，将净零排放作为目标，以确保人类的共同目标可以达成。

美国前总统特朗普曾宣布退出《巴黎协定》，使全球的减碳进程受到冲击。拜登就任总统后，美国已经重新回到《巴黎协定》内。在拜登就任前，日本、韩国、中国也都提出了净零目标，欧盟更是通过实施绿色新政加速减碳工作。

（二）作为应对气候变化方案的碳中和

净零（Net Zero）、负碳（Carbon Negative）、碳中和（Carbon Neutral）、气候中性（Climate Neutral）、碳足迹（Carbon Footprint）这些关键词，已成为 2021 年各国政府、各大国际企业与环境组织、民众最关心的议题。

2020 年 1 月，微软（Microsoft）宣布堪比人类下一个"登月计划"（Moonshot）的挑战：在 2030 年实现碳负排放，届时，微软从环境中消除的碳排放将超过所排放的碳。微软还承诺到 2050 年时将从环境中消除该公司自 1975 年成立以来产生的所有碳排放，包括直接排放或因用电等产生的间接碳排放。

2020 年 7 月，苹果（Apple）公司宣布整个商业活动、制造供应链与产品生命周期要在 2030 年达到碳中和，这比 IPCC 设定的在 2050 年实现碳中和的目标更积极，最终要达到零气候冲击。

同时，微软联合耐克、星巴克、联合利华、奔驰汽车、达能等各产业龙头，成立"净零转型联盟"（Transform To Net Zero），致力于推动各个产业向净零排放转型。

可以看出，不管是净零、负碳、碳中和还是气候中性，都是气候行动的一种目标，都是要减缓、调适甚至逆转全球气候变暖危机下的人类文明生存挑战。

1. 碳中和的含义

IPCC 指出，如果没有自然的温室效应，地球表面的平均温度会降到冰点以下，人类也无法生活。但燃烧化石燃料和滥砍滥伐等人类活动，扩大了自然的温室效应，又会引起全球气候变暖。

科学家分析，地球的大气99%以上由氮气（N_2）和氧气（O_2）组成，含量最高的气体是氮气（干燥大气中的含量为78%）和氧气（21%），这两种气体几乎不产生温室效应。

IPCC 认为，在过去的一个世纪里，汽车、飞机、发电厂、工厂中燃烧大量的煤和石油，排放大量的二氧化碳，使二氧化碳的浓度急速增加，增强了温室效应；此外，排放到空气中的温室气体生命期长达百年以上且稳定，是最大的威胁。

根据 IPCC 的定义，碳中和是一家企业或一个组织的二氧化碳排放量，经过清除二氧化碳达到平衡（衡量期间通常是一年）时，就代表实现碳中和，或者净零排放二氧化碳。

2. 碳中和的过程

碳中和的实现一般会通过以下步骤。

承诺：以企业或者国家为单位，宣布碳中和的目标。

计算和分析：计算现有的温室气体排放情况，并分析如何实现减量。

执行：企业或地方政府设计和规划相关的环境及能源管理系统。

减量：通过各方面的改善，减少温室气体的排放。包括减少能源消耗（如更多地使用公共交通来取代私家车），使用低碳排放能源（如可再生能源及核能）等。

抵消：利用碳补偿机制，通过减少外部的排放，来抵消自身造成的温室气体排放。如种树、碳捕集。

定期评估：定期对碳减排情况进行评估，通过比较分析来检讨并改进减少排放的措施。

3. 直接和间接碳排放

一个企业或国家要达成碳中和，必须将其碳足迹减为零。根据普遍遵循的标准，来决定其温室气体排放的计算范围。

一般来说，直接排放一定要减少至零或者抵消为零。而使用电力造成的间接排放，可通过购买可再生能源来抵消。

直接排放包括其直接活动造成的任何排放，如产品制造、交通工具的使用、畜牧活动等。

间接排放包括购买或使用产品所产生的所有排放。例如，航空公司的直接排放物是燃烧的所有喷气燃料，而间接排放包括飞机的制造和维修保养，办公室使用电力以及员工上下班途中产生的排放等。电力公司的直接排放，为发电厂使用燃料造成的排放，而其办公室的排放则是间接排放。

4. 全球碳中和进程

2015 年 12 月，各国在《巴黎协定》中承诺，把全球平均气温上升控制在较工业化前不超过 2℃ 之内，争取控制在 1.5℃ 之内，并在 2050~2100 年实现全球"碳中和"目标，即温室气体的排放与吸收之间的平衡。各国需制定碳减排目标，即"国家自主贡献"，每五年更新一次减排进展。

2018 年 9 月，美国加利福尼亚州州长杰里·布朗签署了碳中和令，该州几乎同时通过了一项法律，在 2045 年前实现电力 100% 可再生，但其他行业的绿色环保政策还不够成熟。

2019 年 6 月，法国国民议会投票将"净零"目标纳入法律。在 2020 年 6 月的报告中，新成立的气候高级委员会建议法国必须将减排速度提高三倍，以实现碳中和目标。

2020 年 1 月，奥地利联合政府承诺在 2040 年实现气候中立，在 2030 年实现 100% 清洁电力，并以约束性碳排放目标为基础。

2020 年 3 月，欧盟委员会公布《欧洲气候法》草案，决定以立法的形式明确欧洲到 2050 年实现"碳中和"。草案要求，欧盟所有机构和成员国都应采取必要措施以实现上述目标。根据 2019 年 12 月公布的《欧洲绿色协议》，欧盟委员会正在努力实现整个欧盟 2050 年净零排放目标，该协议于 2020 年 3 月提交联合国。[1]

2020 年 9 月，习近平主席在第七十五届联合国大会一般性辩论上的讲话中表示，中国将提高国家自主贡献力度，采取更加有力的政策和措施，二氧化碳排放力争于 2030 年前达到峰值，努力争取 2060 年前实现碳中和。

2020 年 10 月，日本首相菅义伟在向国会发表首次施政讲话时宣布，日本将在 2050 年实现温室气体净零排放，完全实现碳中和。这是日本政府首次提出进入脱碳社会的具体时间表。同月 28 日，韩国总统文在寅也表示将在 2050 年实现碳中和。

2021 年 5 月 6 日，荣鼎咨询（Rhodium Group）发布的报告显示，中国温室气体排放量在 2019 年占全球的 27%，超过发达国家的总和，占比排名第二的是美国（11%），排名第三的是印度（6.6%）。[2]

---

[1]　https://ec.europa.eu/clima/eu-action/european-green-deal/european-climate-lawen.

[2]　https://www.statista.com/statistics/1037051/china-global-carbon-emission-share/.

二 世界与各国碳中和政策和目标

（一）联合国的碳中和政策

1.《联合国气候变化框架公约》

联合国大家庭奋斗在保护地球家园的最前沿。1992年，联合国召开地球问题首脑会议，达成《联合国气候变化框架公约》，迈出了解决这个问题的第一步。如今，公约得到了几乎所有国家的批准，已有197个国家成为该公约的缔约国。公约的终极目标是防止气候系统受到"危险的"人为干扰。

2.《京都议定书》

截至1995年，各国已启动多轮谈判，加强针对气候变化的全球性回应；两年后，《京都议定书》正式通过。《京都议定书》具有法律约束力，要求发达国家缔约方遵守减排目标。《京都议定书》的第一个承诺期是2008年至2012年，第二个承诺期是2013年1月1日至2020年。《京都议定书》有192个缔约国。

3.《巴黎协定》

2015年，《联合国气候变化框架公约》第21届缔约方会议在巴黎举行，各缔约国达成了一项具有里程碑意义的协议，以应对气候变化并加快行动、加大所需投资来创建一个可持续、低碳的未来。《巴黎协定》基于《联合国气候变化框架公约》而制定，首次让所有国家共同致力于实现相同的目标，做出大胆努力以应对气候变化并适应其影响，加大力度支持发展中国家做出同样的努力。因此，《巴黎协定》为全球气候工作规划了新道路。

《巴黎协定》的核心目标是：加强对气候变化所产生的威胁做出全球性回应，实现与前工业化时期相比将全球温度升幅控制在2℃以内，并争取控制在1.5℃以内。

2016年4月22日"世界地球日"，175个国家的代表在联合国总部签署了《巴黎协定》。截至2021年，已有186个国家加入了《巴黎协定》。

4. 2019年气候峰会

2019年9月23日，联合国秘书长安东尼奥·古特雷斯召集举行气候峰会，将各国政府、私营部门和民间社会的世界领导人聚集在一起，支持多边进程，加大并加速气候行动和雄心。峰会重点关注气候行动可产生最大差异的领域——重工业、基于自然的解决方案、城市、能源、灾害抵御能力和气候融资。世界各国领导人就其正在采取何种行动，以及计划在2020年召开的联合国气候大会上做什么进行通报。在气候峰会闭幕式上，联合国秘书长说："你们在势头、合作和雄心方面取得了进展。但我们还有很长的路要走。""我们需要更多具体的计划、更多国家和企业的雄心。我们需要所有公共和私营金融机构一劳永逸地选择绿色经济。"[1]

（二）联合国第五次评估报告

联合国政府间气候变化专门委员会由联合国环境规划署和世界气象组织共同成立，旨在提供客观可靠的科学信息。2013年，IPCC发布了第五次评估报告[2]，提供了人类活动与气候变化相关的

---

① 资料来源：https://www.un.org/zh/global-issues/climate-change。

② https://www.un.org/zh/global-issues/climate-change.

更为清晰的证据。IPCC 报告结尾明确指出，气候变化是真实存在的，而人类活动是导致其发生的主要原因。

在经历了 150 多年的工业化、森林砍伐和大规模的农业生产之后，大气中温室气体的含量增长到了一个 300 万年来前所未有的水平。随着人口的增加、经济的发展和生活水平的提高，温室气体排放总量也随之增加。

以下是一些已得到证实的基本科学关联。地球大气中温室气体的浓度直接影响全球平均气温；自工业革命时期以来，温室气体浓度持续上升，全球平均气温也随之提高；大气中含量最多的温室气体，是约占总量 2/3 的二氧化碳，主要由焚烧化石燃料产生。

报告全面评估了过去几十年间海平面上升情况及其原因，还估计了自前工业化时代以来二氧化碳的累积排放量，并制定了未来二氧化碳排放控制预算，以期将温度升幅控制在 2℃ 以内。截至 2011 年，二氧化碳排放量已约达排放控制预算的一半。

1880~2012 年，全球平均气温上升了 0.85℃。

海洋在变暖，冰雪量在减少，海平面在上升。1901~2010 年，因气候变暖和冰雪融化，海洋面积扩大，全球平均海平面上升了 19 厘米。自 1979 年起，北极的海冰范围以每 10 年 1.07×10^6 平方公里的速度持续缩小。

鉴于当前温室气体的浓度以及排放水平，21 世纪末全球平均气温将持续升高，高出工业化之前的平均水平。世界各大洋将持续变暖，冰雪将继续融化。以 1986~2005 年作为参照期，至 2065 年，平均海平面预计上升 24~30 厘米，至 2100 年，平均海平面预计上升 40~63 厘米。即使停止排放温室气体，气候变化所带来的大多数影响也会持续数世纪之久。

有证据表明，生态系统和地球气候系统可能已经达到甚至突破了重要的临界点，可能导致不可逆转的变化，这让人担忧。北极苔原和亚马逊热带雨林等多样化的生态系统可能因气温升高和干旱而发生巨大的变化。高山冰川正在迅速消失，在最干旱的月份里，供水减少对下游造成的影响会波及很多世代。

（三）IPCC 2018 年全球升温 1.5℃特别报告

2018 年 10 月，IPCC 发布了一份"关于全球升温高于工业化前水平 1.5℃的影响"的特别报告。报告发现，与升温 2℃相比，将全球变暖限制在 1.5℃不仅明显惠及人类和自然生态系统，还可以确保一个更可持续、更加公平的社会。报告强调，将全球升温限制在 1.5℃而非 2℃或更高的温度，可以避免一系列气候变化的影响。例如，到 2100 年，若将全球变暖限制在 1.5℃而非 2℃，全球海平面上升将减少 10 厘米。与全球升温 2℃导致的北冰洋夏季没有海冰的可能性为至少每 10 年发生一次相比，全球升温 1.5℃则为每世纪发生一次。当全球升温 1.5℃时，珊瑚礁将减少 70%~90%，而当全球升温 2℃时，几乎所有（超过 99%）的珊瑚礁都将消失。

报告称，要将全球升温限制在 1.5℃，需要在土地、能源、工业、建筑、交通和城市中实现快速且具有深远影响的转型。到 2030 年，全球人为二氧化碳净排放量必须比 2010 年的水平减少约 45%，到 2050 年左右实现净零排放。这意味着需要去除空气中的二氧化碳来平衡剩余的排放。

（四）各国碳中和、碳达峰目标

对比全世界碳达峰和碳中和实现情况，截至 2019 年全世界已经有 49 个国家实现碳达峰，其排放量占全球碳排放总量的约 36%。其中有一些国家是因为经济衰退和经济转型而实现碳达峰，如独联体国家和部分东欧国家。也有一些国家因为实施了严格的气候政策、基于经济发展现实实现了碳达峰。

虽然已有许多国家实现碳达峰，但全世界还没有一个大国实现碳中和。2020 年 2 月，芬兰政府宣布，芬兰计划在 2035 年成为世界上第一个实现碳中和的国家。奥地利、冰岛和瑞典以及美国加利福尼亚州等均提出了实现碳中和的愿景目标，中国也提出了 2060 年实现碳中和的目标。

各国经济社会状况各不相同，因此实现碳中和或净零排放的政策与做法也有很大差异。根据 IPCC 的公开文件，目前有两个国家已经实现净零排放的目标，并达到负排放：不丹（负碳排）、[①] 苏里南（2014 年后达到负碳排）。[②]

截至 2020 年 12 月，许多国家已宣布净零排放的意向及为实现目标将进行的经济转型。[③] 其中六个国家已完成立法，规定在 2050 年前达到净零排放，包括英国、法国、丹麦、瑞典（2045年）、新西兰、匈牙利。六个国家或地区已提出立法草案，分别

[①] Youn, Soo, "Visit the World's Only Carbon-Negative Country," *National Geographic*, 2017-10-17 [2018-01-09].

[②] Walker, Robert, "Heard of this Small but Hugely Carbon Negative Country? Suriname in Amazonian Rain Forest," *Science 2.0*, 2018-12-11 [2019-02-21].

[③] Members of the Carbon Neutrality Coalition, [15 December 2018].

为欧盟、加拿大、韩国、西班牙、智利、斐济。另外有 14 个国家已纳入政策议程。主要国家碳达峰时间和承诺实现碳中和时间见表 1-1。

表 1-1　主要国家碳达峰时间和承诺实现碳中和时间

国家	碳达峰时间	承诺实现碳中和时间
英国	20 世纪 70 年代初达到峰值后，较长时间内处于平台期，截至 2019 年排放相对于峰值水平下降约 40%	2050 年
德国	20 世纪 70 年代末达到峰值后，较长时间内处于平台期，截至 2019 年排放相对于峰值水平下降约 35%	2050 年
美国	2007 年达到峰值后，呈缓慢下降趋势，截至 2019 年相对于峰值水平下降约 20%	2050 年
日本	2013 年的排放水平是历史最高，未来趋势还有待观察	2050 年
韩国	排放还未达到峰值	2050 年
中国	2030 年之前	2060 年

数据来源：ECIU，IEA，EU，Crippa, M., Oreggioni, G., Guizzardi, D., Muntean, M., Schaaf, E., Lo Vullo, E., Solazzo, E., Monforti-Ferrario, F., Olivier, J.G.J., Vignati, E., *Fossil CO2 and GHG Emissions of All World Countries*（2019）（Luxembourg：Publications Office of the European Union, 2019）.

各国（地区）碳中和目标[①]如下。

中国

目标日期：2060 年；承诺性质：政策宣示。

2020 年 9 月 22 日，中国国家主席习近平在第七十五届联合国大会一般性辩论上的讲话中表示，"采取更加有力的政策和措施，二氧化碳排放力争于 2030 年前达到峰值，努力争取 2060 年前实现碳中和"。

---

① 《碳中和又来了！各国碳中和目标汇总》，北极星大气网，https://huanbao.bjx.com.cn/news/20210119/1130551.shtml，2021 年 1 月 19 日。

奥地利

目标日期：2040 年；承诺性质：政策宣示。

奥地利承诺在 2040 年实现气候中立，在 2030 年实现 100% 清洁电力，并以约束性碳排放目标为基础。

不丹

目标日期：目前为负碳排放，并在发展过程中实现碳中和；承诺性质：《巴黎协定》下自主减排方案。

不丹人口不到 100 万，收入低，周围有森林和水电资源，平衡碳账户比大多数国家容易。但经济增长和对汽车需求的不断增长，正在给碳减排增加压力。

美国加利福尼亚州

目标日期：2045 年；承诺性质：行政命令。

2018 年 9 月，加利福尼亚州州长杰里·布朗签署了碳中和令，该州几乎同时通过了一项法律，在 2045 年前实现电力 100% 可再生，但其他行业的绿色环保政策还不够成熟。

加拿大

目标日期：2050 年；承诺性质：政策宣示。

特鲁多总理于 2019 年 10 月连任，其政纲是以气候行动为中心，承诺净零排放目标，并制定具有法律约束力的五年一次的碳预算。

智利

目标日期：2050 年；承诺性质：政策宣示。

皮涅拉总统于 2019 年 6 月宣布，智利努力实现碳中和。2020 年 4 月，智利政府向联合国提交了一份强化的中期承诺，重申了其长期目标。已经确定在 2024 年前关闭 28 座燃煤电厂中的 8 座，并在 2040 年前逐步淘汰煤电。

哥斯达黎加

目标日期：2050 年；承诺性质：提交联合国。

2019 年 2 月，总统奎萨达制定了一揽子气候政策，12 月向联合国提交的计划确定 2050 年净排放量为零。

丹麦

目标日期：2050 年；承诺性质：法律规定。

丹麦政府在 2018 年制定了到 2050 年建立"气候中性社会"的计划，该方案包括从 2030 年起禁止销售新的汽油和柴油汽车，并支持使用电动汽车。气候变化是 2019 年 6 月议会选举的一大主题，获胜的社会民主党在 6 个月后通过的立法中规定了更严格的排放目标。

欧盟

目标日期：2050 年；承诺性质：提交联合国。

根据 2019 年 12 月公布的《欧洲绿色协议》，欧盟委员会正在努力实现整个欧盟 2050 年净零排放目标，该协议于 2020 年 3 月提交联合国。

斐济

目标日期：2050 年；承诺性质：提交联合国。

作为 2017 年《联合国气候变化框架公约》第 23 届缔约方大会主席，斐济为展现领导力做出了额外努力。2018 年，这个太平洋岛国向联合国提交了一份计划，目标是在所有经济部门实现净零排放。

芬兰

目标日期：2035 年；承诺性质：执政党联盟协议。

作为组建政府谈判的一部分，五个政党于 2019 年 6 月同意加强该国的气候法。预计这一目标将要求限制工业伐木，并逐步停止燃烧煤炭发电。

法国

目标日期：2050 年；承诺性质：法律规定。

法国国民议会于 2019 年 6 月 27 日投票将净零目标纳入法律。在 2021 年 6 月的报告中，新成立的气候高级委员会建议法国必须将减排速度提高三倍，以实现碳中和目标。

德国

目标日期：2050 年；承诺性质：法律规定。

德国第一部气候法案于 2019 年 12 月生效，这部法案的导语提出，德国将在 2050 年前"追求"温室气体中立。

匈牙利

目标日期：2050 年；承诺性质：法律规定。

匈牙利在 2020 年 6 月通过的气候法中承诺到 2050 年实现碳中和。

冰岛

目标日期：2040 年；承诺性质：政策宣示。

冰岛已经从地热和水力发电中获得了几乎无碳的电力和供暖资源，2018 年公布的战略重点是逐步淘汰运输业的化石燃料、植树和恢复湿地。

爱尔兰

目标日期：2050 年；承诺性质：执政党联盟协议。

在 2020 年 6 月确定的一项联合协议中，三个政党同意在法律上设定 2050 年净零排放目标，在未来 10 年内每年减排 7%。

日本

目标日期："本世纪后半叶尽早的时间"；承诺性质：政策宣示。

日本政府于 2019 年 6 月在主办 20 国集团领导人峰会之前批准了一项气候战略，主要研究碳捕集、利用和封存，以及作为清洁燃料来源的氢的开发。值得注意的是，其逐步淘汰煤炭的计划尚未出台，预计到 2030 年，煤炭仍将供应日本全国 1/4 的电力。

马绍尔群岛

目标日期：2050 年；承诺性质：提交联合国。

在 2018 年 9 月提交给联合国的最新报告中，马绍尔群岛提出了到 2050 年实现净零排放的愿望，但是没有提及实现这一目标的具体政策。

新西兰

目标日期：2050 年，承诺性质：法律规定。

新西兰最大的排放源是农业。2019 年 11 月通过的一项法律为除生物甲烷（主要来自绵羊和牛）以外的所有温室气体设定了净零排放目标，到 2050 年，生物甲烷将在 2017 年的基础上减少24%~47%。

挪威

目标日期：2030 年 /2050 年；承诺性质：政策宣示。

挪威议会是世界上最早讨论碳中和问题的议会之一，努力在2030 年通过国际抵消来实现碳中和，2050 年在国内实现碳中和。但这个承诺只是政策意向，而不是基于一部有约束力的气候法。

葡萄牙

目标日期：2050 年；承诺性质：政策宣示。

葡萄牙于 2018 年 12 月发布了一份实现净零排放的路线图，概述了能源、运输、废弃物、农业和森林等方面的战略。葡萄牙是呼吁欧盟通过 2050 年实现净零排放目标的成员国之一。

新加坡

目标日期："在本世纪后半叶尽早实现"；承诺性质：提交联合国。

与日本一样，新加坡没有承诺明确的脱碳日期，但将其作为 2020 年 3 月提交联合国的长期战略的最终目标。到 2040 年，内燃机车将逐步被淘汰，取而代之的是电动汽车。

斯洛伐克

目标日期：2050 年；承诺性质：提交联合国。

斯洛伐克是第一批正式向联合国提交长期战略的欧盟成员国之一，其目标是在 2050 年实现碳中和。

南非

目标日期：2050 年；承诺性质：政策宣示。

南非政府于 2020 年 9 月公布了低碳排放发展战略（LEDS），设定了到 2050 年成为净零排放经济体的目标。

韩国

目标日期：2050 年；承诺性质：政策宣示。

韩国民主党在 2020 年 4 月的选举中以压倒性优势获得执政权。选民们支持其"绿色新政"，即在 2050 年前使经济脱碳，并结束煤炭融资。这是东亚地区第一个此类承诺，对全球第七大二氧化碳排放国来说也是一件大事。韩国约 40% 的电力来自煤炭，一直是海外煤电厂的主要融资国。

西班牙

目标日期：2050 年；承诺性质：法案草案。

西班牙政府于 2020 年 5 月向议会提交了气候框架法案草案，设立了一个委员会来监督进展情况，并立即禁止颁发新的煤炭、石油和天然气勘探许可证。

瑞典

目标日期：2045 年；承诺性质：法律规定。

瑞典于 2017 年制定了净零排放目标，根据《巴黎协定》，将实现碳中和的时间提前了五年。至少 85% 的减排要通过国内政策来实现，其余由国际减排来弥补。

瑞士

目标日期：2050 年；承诺性质：政策宣示。

瑞士联邦委员会于 2019 年 8 月 28 日宣布，打算在 2050 年前实现净零碳排放，深化了《巴黎协定》规定的减排 70%~85% 的目标。议会正在修订其气候立法，包括开发技术来去除空气中的二氧化碳（瑞士在这个领域最先进的试点项目之一）。

英国

目标日期：2050 年；承诺性质：法律规定。

英国在 2008 年已经通过了一项减排框架法案，因此设定净零排放目标很简单，只需将 80% 改为 100%。议会于 2019 年 6 月 27 日通过了修正案。苏格兰的议会正在制定一项法案，在 2045 年实现净零排放，这是基于苏格兰强大的可再生能源和在枯竭的北海油田封存二氧化碳的能力。

乌拉圭

目标日期：2030 年；承诺性质：提交联合国。

根据其提交联合国的报告，加上减少牛的养殖、废弃物和能源排放的政策，预计到 2030 年，乌拉圭将成为净碳汇国。

三　碳中和经济政策

（一）气候变化的政策响应

根据联合国的文件，一般有两类措施来应付气候变化：预防性措施，倾向于降低或减缓温室气体；适应性措施，应对或预防温室效应的伤害并努力使其最小化。

主要预防性措施如下。

·减少温室气体排放。或通过减少与排放相关的经济活动水平，或通过使用更有效的能源技术，使同样水平的经济活动排放较低的二氧化碳。

·增强碳汇。森林可以通过循环使二氧化碳转化为氧气；确保森林面积不减少和扩大森林面积对促进净零碳排放有显著影响。

主要适应性措施如下。

·修建堤坝和防海墙以抗拒海平面上升和极端气候事件，如洪灾和台风。

·改变不同地区农业的耕种类型以适应气候变化。

（二）应对气候变化政策的经济影响

关于应对气候变化政策的经济影响，在各国之间存在比较大的争论。很多发展中国家认为，限制碳排放的政策会导致其经济发展受到制约。为此，"国际杰出科学家小组"发表了一个"经济学家对气候变化的声明"，①具体内容如下。

在联合国政府间气候变化专门委员会的主持下，国际杰出科学家小组确认，"证据倾向于认为，人类对全球气候有可识别的影响"。作为经济学家，我们相信全球气候变化会带来显著的环境、经济、社会和地缘政治风险，有理由采取防范措施。

经济研究发现，有许多潜在的减排政策，这些政策的总收益超过总成本。特别是在美国，可靠的经济分析显示，存在减缓气候变化而不降低美国民众生活标准的政策选择，这些措施从长期而言可以提高美国的生产率。

减缓气候变化最有效的方法是以市场为政策基础。为了使世界以最小成本达到气候目标，需要各国之间的合作——如签署国际排放贸易协定。美国和其他国家（地区）可以通过市场机制最有效地实施其气候政策，如碳税或排放许可证拍卖。实施这些政策获得的收入可以有效地减少财政赤字或降低税收。

上述声明已经有 2500 名经济学家签名，包括 8 位诺贝尔奖获得者。

（三）主要减排经济政策

气候变化经济学的政策工具基于经济学中的负外部性理论。这相当于把温室气体排放等同于能够带来负面影响的气体污染物。比

---

① 资料来源：https://web.archive.org/web/20160304023618/http://rprogress.org/publications/1997/econstatement.htm。

较常用的政策工具包括：污染税（Pollution Tax）或碳税（Carbon Tax）、可转让许可证（或称可交易许可证）（Transferable or Tradable Permits）、对使用可再生能源（Renewable Energy Source）或有效率的能源技术（energy-efficiency technology）的激励措施等。

1. 碳税

对二氧化碳排放征税就是碳税，是对碳基化石燃料征收的专门税收。毫无疑问，碳税将提高碳基能源的价格，激励消费者储存能源和将需求转向可替换能源。需求也可能从含碳占比高的碳基燃料转向含碳相对低的燃料，如从煤转向天然气等。

2. 可转让许可证

制度性的可转让许可证在国际上很受重视，尤其是在温室气体减排的国际谈判中。相关制度的运作如下。[①]

· 每个国家分配到一定的碳排放额，并据此发放碳排放许可证。发放的碳排放许可证总和等于碳排放设定目标。例如，如果全球碳排放是 60 亿吨，目标是减少 10 亿吨，则可以发放 50 亿吨的许可证。

· 许可证的分配要满足各国家或地区商定的减排目标。例如，在《京都议定书》下，与 1990 年相比，美国同意将 2008~2012 年的温室气体排放水平减少 7%，日本同意减少 6%，欧洲同意减少 8%。

· 国家之间可以交易许可证。例如，如果日本没有达到减排目

---

① Economics in Context Initiative (ECI) at Boston University：《全球气候变化》，https://www.bu.edu/eci/files/2019/06/Chinese-Chapter-18.pdf。

标，但欧洲超过了目标，日本可以从欧洲购买许可证。

·许可证可以在企业之间交易，国家设定主要产业部门的目标，据此分配给各企业许可证。这样，企业之间可以进行交易，或者在国际上进行交易。

·国家或企业也能够通过帮助其他国家获得减排信用。例如，欧洲企业可以从在发展中国家安装有效的发电设备，代替高污染的煤电厂而获得信用。

从经济学的观点看，可转让许可证制度将鼓励实施最小成本的减排选择。基于许可证的分配，发展中国家可以通过选择非碳能源发展道路，将许可证改造成新的出口商品，出售给没有完成减排要求的工业化国家，从而获取收入。

3. 补贴、标准、R&D

除碳税和可转让许可证之外，还有其他政策措施可以减少碳排放。[1]

（1）对非碳基燃料的补贴（Subsidy）。许多国家对化石燃料提供直接或间接补贴。削减这些补贴有利于可替代燃料资源的使用，打破之前的竞争平衡。如果将这些补贴调整到可再生能源，特别是以减少投资税的形式，可能会促进太阳能、光电、燃料电池、生物质能和风能的大量投资——这些技术在很多地区仍处于竞争劣势。

（2）设定能效标准（Efficiency Standard），要求公用事业和制造者提升能效和增加可再生能源的使用。燃煤发电厂的能源利

---

[1]　Economics in Context Initiative (ECI) at Boston University：《全球气候变化》，https://www.bu.edu/eci/files/2019/06/Chinese-Chapter-18.pdf。

用效率大约为 35%，而高能效燃气联合设备的能源利用效率达到 75%~90%。随着时间的推移，提高工厂、建筑、车辆和设备的能效标准可以促进对低能效设备的改善。

（3）对研究和开发（R&D）的支持。政府 R&D 项目和对企业替代能源的 R&D 给予税收优惠可以加快其商业化。

四　中国的碳中和政策

中国政府于 1990 年成立了应对气候变化相关机构，1998 年建立了国家气候变化对策协调小组。为进一步加强对应对气候变化工作的领导，2007 年成立国家应对气候变化领导小组，由国务院总理担任组长，负责制定国家应对气候变化的重大战略、方针和对策，协调解决应对气候变化工作中的重大问题。2008 年在机构改革中，进一步加强了对应对气候变化工作的领导，国家应对气候变化领导小组的成员单位由原来的 18 个扩大到 20 个，具体工作由国家发展和改革委员会承担，领导小组办公室设在国家发展和改革委员会，并在国家发展和改革委员会成立专门机构，负责全国应对气候变化工作的组织协调。为提高应对气候变化决策的科学性，成立了国家气候变化专家委员会，在支持政府决策、促进国际合作和开展民间活动方面做了大量工作。

2007 年国务院要求各地区、各部门结合本地区、本部门实际，认真贯彻执行《中国应对气候变化国家方案》。建立健全应对气候变化的管理体系、协调机制和专门机构，建立地方气候变化专家队伍，根据各地区在地理环境、气候条件、经济发展水平等方面的具体情况，因地制宜地制定应对气候变化的相关政策措施，建立与气候变化相关的统计和监测体系，组织和协调本地区应对气候变化的行动。[①]

2020年9月22日，习近平主席在第七十五届联合国大会上承诺，"中国将提高国家自主贡献力度，采取更加有力的政策和措施，二氧化碳排放力争于2030年前达到峰值，努力争取2060年前实现碳中和"。之后，中国密集出台了多项国家级和地方政策、部门政策，为后续的碳达峰、碳中和工作提供了良好的政策基础。

2021年9月，发布《中共中央　国务院关于完整准确全面贯彻新发展理念做好碳达峰碳中和工作的意见》，其中提出如下目标。

——到2025年，绿色低碳循环发展的经济体系初步形成，重点行业能源利用效率大幅提升。单位国内生产总值能耗比2020年下降13.5%；单位国内生产总值二氧化碳排放比2020年下降18%；非化石能源消费比重达到20%左右；森林覆盖率达到24.1%，森林蓄积量达到180亿立方米，为实现碳达峰、碳中和奠定坚实基础。

——到2030年，经济社会发展全面绿色转型取得显著成效，重点耗能行业能源利用效率达到国际先进水平。单位国内生产总值能耗大幅下降；单位国内生产总值二氧化碳排放比2005年下降65%以上；非化石能源消费比重达到25%左右，风电、太阳能发电总装机容量达到12亿千瓦以上；森林覆盖率达到25%左右，森林蓄积量达到190亿立方米，二氧化碳排放量达到峰值并实现稳中有降。

---

① 国务院新闻办公室：《中国应对气候变化的政策与行动（白皮书）（2008）》，2008。

——到 2060 年，绿色低碳循环发展的经济体系和清洁低碳安全高效的能源体系全面建立，能源利用效率达到国际先进水平，非化石能源消费比重达到 80% 以上，碳中和目标顺利实现，生态文明建设取得丰硕成果，开创人与自然和谐共生新境界。

2021 年 10 月，国务院发布《2030 年前碳达峰行动方案》，提出如下目标。

——"十四五"期间，产业结构和能源结构调整优化取得明显进展，重点行业能源利用效率大幅提升，煤炭消费增长得到严格控制，新型电力系统加快构建，绿色低碳技术研发和推广应用取得新进展，绿色生产生活方式得到普遍推行，有利于绿色低碳循环发展的政策体系进一步完善。到 2025 年，非化石能源消费比重达到 20% 左右，单位国内生产总值能源消耗比 2020 年下降 13.5%，单位国内生产总值二氧化碳排放比 2020 年下降 18%，为实现碳达峰奠定坚实基础。

——"十五五"期间，产业结构调整取得重大进展，清洁低碳安全高效的能源体系初步建立，重点领域低碳发展模式基本形成，重点耗能行业能源利用效率达到国际先进水平，非化石能源消费比重进一步提高，煤炭消费逐步减少，绿色低碳技术取得关键突破，绿色生活方式成为公众自觉选择，绿色低碳循环发展政策体系基本健全。到 2030 年，非化石能源消费比重达到 25% 左右，单位国内生产总值二氧化碳排放比 2005 年下降 65% 以上，顺利实现 2030 年前碳达峰目标。

第二章　中国碳中和实现路径与重点领域

发达国家在过去 200 多年的工业化过程中无序排放，对全球气候变化负有不可推卸的历史责任，这是国际社会的普遍共识。其中，美国作为全球累计温室气体排放量最多的国家，人均碳排放量是全球平均水平的 3.3 倍。相比而言，中国作为制造业大国，目前人均碳排放量不及美国的一半，人均历史累计排放量约为美国的 1/8。数据显示，美国温室气体排放量历史最高值为人均 23.44 吨，2018 年人均排放量为 16.85 吨，而中国的这一数字是 7.56 吨。

世界主要发达经济体均已实现碳达峰，英、法、德以及欧盟早在 20 世纪 70 年代即实现碳达峰，美、日分别于 2007 年、2013 年实现碳达峰，且都是随着发展阶段演进和高碳产业转移实现"自然达峰"。

2020 年 9 月 22 日，中国宣布将提高国家自主贡献力度，二氧化碳排放力争于 2030 年前达到峰值，努力争取 2060 年前实现碳中和。根据目前各国已公布的目标，从碳达峰到碳中和，欧盟将用 71 年，美国用 43 年，日本用 37 年，而中国给自己规定的时间只有 30 年。[①]

一　中国的能源结构和工业特征

（一）中国能源结构现状及实现碳中和的难点

中国能源体系目前仍是一个高碳、高煤的系统。依据 2019 年的能源消费数据，煤炭占能源总消费的 57.7%，石油占 18.9%，天然气占 8.1%，水电、核电、风电等非化石能源占 15.3%。而化石能源合计占 84.7%，占能源总消费中的绝大部分（见图 2-1）。根据

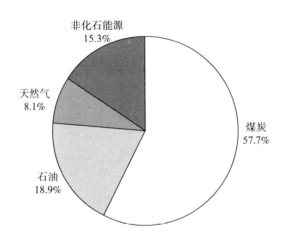

图 2-1　2019 年中国各类能源占能源总消费的比重
资料来源：根据国家统计局数据推算。

---

① 《数据说话，看中国减排贡献有多大》，新华每日电讯，http://www.news.cn/mrdx/2021-11/10/c_1310302056.htm，2021 年 11 月 10 日。

GitHub 的数据，2019 年二氧化碳排放总量为 101.75 亿吨，其中来自煤炭的为 72.36 亿吨，来自水泥的为 8.27 亿吨，来自天然气的为 5.94 亿吨，来自石油的为 15.18 亿吨（占比情况见图 2-2）。我国以碳基为基础的能源体系决定了结构调整是实现二氧化碳减排的理想途径，如果以煤为主的能源结构未能发生根本性的变化，中国的碳排放也将难以得到有效的抑制。

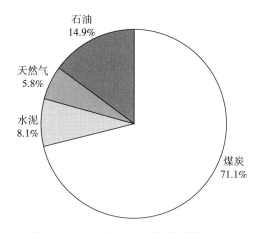

图 2-2 2019 年中国二氧化碳排放情况

资料来源：https://github.com/owid/co2-data。

我国的电力生产仍然以燃煤火电为主。截至 2019 年底，火电装机容量占比约为 59%，风电、光电、核电等非化石能源发电装机容量占近 41%。其中，水电装机容量 3.6 亿千瓦、火电装机容量 11.9 亿千瓦（包括煤电装机容量 10.4 亿千瓦、气电装机容量 9022 万千瓦）、核电装机容量 4874 万千瓦、并网风电装机容量 2.1 亿千瓦（陆上风电 2.04 亿千瓦、海上风电 593 万千瓦）、并网太阳能发电装机容量 2.0 亿千瓦、生物质发电装机容量 2254 万千瓦（见图 2-3）。

从发电量看，2019 年，全国全口径发电量为 7.33 万亿千瓦时，全国非化石能源发电量为 2.39 万亿千瓦时，占全国发电量的比重

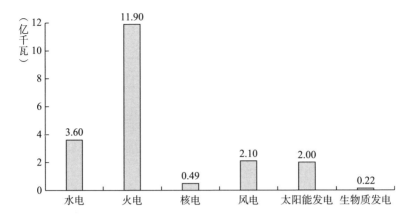

图 2-3　各类电力装机容量

为 32.6%。全国全口径火电发电量为 5.05 万亿千瓦时，煤电发电量为 4.56 万亿千瓦时，其余为天然气发电、生物质发电等。可见电力的来源主要还是煤电，这意味着大量二氧化碳的排放。

因此，我国要实现碳中和，需要根据碳排放结构和能源结构的特点制定相应的政策。首先，我国碳基能源占比过高，而且其中大多为碳排放系数最高的煤炭。高比例含碳能源的使用意味着高碳排放，因此加快推进非碳能源的使用是减碳目标实现的重点。其次，在含碳能源也即化石能源的消费中，在同样总需求的情况下降低煤炭的占比而提高天然气等碳排放系数较小的化石能源的占比，也会减少二氧化碳的排放。最后，使用各种非碳能源实现减碳没有问题，但是这一过程中并没有碳中和即固碳的效果，因此，减少含碳燃料的使用应同时配合各类固碳方法，将二氧化碳重新纳入能量和物质循环之中，才能更有利于碳中和目标的实现。

当然，这些实现路径都需要在技术经济可行的情况下进行。然而，当前实现碳中和的各种技术成本尚居高不下，有待实现技术突破以降低成本。

（二）通过节能实现减排

可以实现减排的节能分为两种。第一种是直接节能，即提高能源使用效率，尤其是碳基能源的使用效率，如降低燃煤发电的度电煤耗、提高电器等用能设备装备的能源效率等。第二种是广义节能，即通过减少终端产品的需求、减少建筑建设、减少出行距离等间接降低对能源的需求。通过节能实现减排是最经济、最直接的路径。

实现发展方式的转变，使得经济从依赖资源、能源的大规模投入转向依靠创新驱动，形成新的高附加值制造业和现代服务业，既是我国经济发展和产业升级的要求，也是建设生态文明、实现碳中和目标的必然要求。

（三）发展低碳和非碳能源

通过发展低碳和非碳能源，可以部分取代煤炭等主要高碳能源，从而有效减少二氧化碳的排放。低碳化石能源主要是天然气，包括煤层气、页岩气、石油气等非常规化石能源。水电和核电受制于本身的特点，其发展空间受到一定的限制。

可再生能源是未来降低高碳能源和二氧化碳排放的主力，包括目前技术比较成熟的风电、光伏发电、地源热泵、生物质发电等，也包括尚需降低成本的光热发电、纤维素乙醇、生物柴油等。可再生能源的发展可以降低总体碳排放，从而大大减轻碳中和的压力。

（四）碳基能源的循环利用

化学碳循环是利用化学工业过程，把工业过程排放的二氧化碳捕集后合成为液体的醇醚化合物，一般为甲醇、乙醇、二甲醚。这三种醇醚化合物可以作为能源使用，其中甲醇有较多的氢原子，还可以作为氢能的载体。通过这样一个循环过程，可以实现碳中和或者部分碳中和。如果这一过程使用的能源来自绿色电力如风电，那么它就可以是一个碳中性的能源路径。要达成2060年实现碳中和的目标，需要同时结合生态改善和化学碳循环两大路径。

（五）基于自然过程的生态固碳

实现碳中和除了节能、能源转型、工业碳中和之外，生态固碳也是重要的途径，这也是生态文明建设的重要意义之一。

生态固碳是通过森林、草原、湿地的植被和水体进行碳的吸收和固定。据简单测算，单纯靠森林吸收和固定二氧化碳，每10亿吨二氧化碳需要1000万平方公里的森林面积，而我国2020年二氧化碳总排放量预计达到80亿吨，这意味着单纯依靠生态改善所需的森林种植面积已经超过了我国的陆地国土面积，因此，仅通过生态固碳实现碳中和并不现实。但是，大规模森林恢复和建设也是非常必要的，因为森林不仅能吸收固定二氧化碳，还能大量减少各种气体污染物并改善大气质量，涵养水源，减少气候灾害和地质灾害，改善整体的生存环境和发展环境。

二 实现碳中和的指导思想和重点领域

碳中和目标是推动中国经济从资源依赖型增长转向技术创新主导型增长的重要抓手之一，也是生态文明思想在经济领域的重要体现。同时，碳中和工作是一个系统性的任务，需要坚持系统观念，处理好发展和减排、整体和局部、短期和中长期的关系，以经济社会发展全面绿色转型为引领，以能源绿色低碳发展为关键，加快形成低碳环保的产业结构、生产方式、生活方式、空间格局。

《中共中央 国务院关于完整准确全面贯彻新发展理念做好碳达峰碳中和工作的意见》指出，碳达峰、碳中和工作，要坚持"全国统筹、节约优先、双轮驱动、内外畅通、防范风险"的原则。全国统筹是要根据各地实际分类施策，鼓励主动作为、率先达峰；节约优先是要坚持提高投入产出效率，持续降低单位产出能源资源消耗和碳排放，倡导绿色低碳生活方式，从源头减少碳排放；双轮驱动是要发挥政府和市场两方面的力量和作用，强化科技和制度创新，加快绿色低碳科技革命，深化能源和相关领域改革，发挥市场机制作用，形成有效激励约束机制；内外畅通是要统筹国内国际能源资源，推广先进绿色低碳技术和经验；防范风险是要处理好减污降碳和能源安全、产业链供应链安全、粮食安全、群众正常生活的关系，有效应对绿色低碳转型可能伴随的经济、金融、社会风险，防止过度反应，确保安全降碳。

在这一指导思想下，实现碳中和的重点领域主要包括：循环经济发展与经济社会全面绿色转型；建设清洁低碳安全高效的能源体系；工业部门的燃料转换和脱碳；建设低碳交通运输体系；实现城乡建设和建筑的低碳转型；发展基于自然生态系统的碳汇产业。

（一）加快构建清洁低碳安全高效能源体系

能源是经济社会发展的动力，也是碳减排的主体。近年来，我国能源体系建设深入推进，一次能源自给率稳定在 80% 左右，能效不断提升。但仍存在一些问题：一是化石能源占比过高，2020年煤炭消费占比仍达 56.7%，石油、天然气分别为 19.1% 和 8.5%，非化石能源为 15.7%；二是石油、天然气自给能力不强，2020 年对外依存度分别攀升到 73% 和 43%；三是能源资源与消费市场逆向分布，煤炭、油气、水电等主要分布在华北、西北、西南，而能源消费主要集中在东南，制约了能效提升；四是能源生产和消费领域的一些关键核心技术和装备国产化程度较低。

实现碳达峰、碳中和目标的第一重点领域就是能源，必须全面贯彻新发展理念和能源安全新战略，加快构建清洁低碳、安全高效的能源体系，保障我国经济社会高质量和稳定发展。加快构建清洁低碳高效能源体系涵盖以下多个方面。

1. 提高能源利用效率

节能是第一能源，提高能效是降碳的重要手段，把节能优先方针贯穿经济社会发展全过程各领域，坚持能源消费总量和强度双控制度，抓实工业、电力、交通、建筑等重点领域，升级高效节能设备，淘汰落后产能。

2. 加快结构优化，以发展新能源为契机加强国内能源供给保障

以清洁低碳为导向，加快发展非化石能源，构建煤、油、气、新能源、可再生能源多元化能源供应体系，使非化石能源到 2025 年成为消费增量的主体，能源体系到 2030 年前实现碳达峰、2060 年前实现碳中和。提高风电和光伏、光热等新能源电力；大力发展氢能，既要用好工业副产氢，更要加快推进发展可再生能源电解水制氢，不断提升"绿氢"占比；发挥我国地热资源优势，纳入国家发展规划，实现规模高效利用。深化煤炭清洁高效利用，由燃料向原料转变并区别对待，统筹现代煤化工战略发展，实现能化共轨发展；坚持把油气作为重要战略资源，大力开发页岩油、页岩气、煤层气，推进天然气大发展。

3. 加快提升科技创新水平

要把科技自主创新作为能源发展的重要战略支撑，深化能源科技创新平台建设，构建形成以企业为主体、市场为导向、产学研用深度融合的技术创新体系，确保产业链供应链安全稳定。重点围绕氢能等新能源生产消费、油气勘探开发、煤炭清洁高效利用、智能电网运行、分布式能源建设等领域，攻克关键核心技术和装备，支撑引领能源行业高质量发展。

4. 深化国际合作，着眼全球拓宽能源渠道

在立足国内前提下，在能源生产、消费领域加强国际合作，增强开放条件下的保障能力。深化重大项目合作，建设长期可靠、安全稳定的海外能源基地。深度参与全球能源治理，加强与国际能源组织合作，增强与我国油气消费能力相匹配的定价权和话语权，提高全球配置资源能力。

为加快构建清洁低碳安全高效能源体系，《中共中央　国务院关于完整准确全面贯彻新发展理念做好碳达峰碳中和工作的意见》提出以下举措。

（1）强化能源消费强度和总量双控。坚持节能优先的能源发展战略，严格控制能耗和二氧化碳排放强度，合理控制能源消费总量，统筹建立二氧化碳排放总量控制制度。做好产业布局、结构调整、节能审查与能耗双控的衔接，对能耗强度下降目标完成形势严峻的地区实行项目缓批限批、能耗等量或减量替代。强化节能监察

和执法，加强能耗及二氧化碳排放控制目标分析预警，严格责任落实和评价考核。加强甲烷等非二氧化碳温室气体管控。

（2）大幅提升能源利用效率。把节能贯穿于经济社会发展全过程和各领域，持续深化工业、建筑、交通运输、公共机构等重点领域节能，提升数据中心、新型通信等信息化基础设施能效水平。健全能源管理体系，强化重点用能单位节能管理和目标责任。瞄准国际先进水平，加快实施节能降碳改造升级，打造能效"领跑者"。

（3）严格控制化石能源消费。加快煤炭减量步伐，"十四五"时期严控煤炭消费增长，"十五五"时期逐步减少。石油消费"十五五"时期进入峰值平台期。统筹煤电发展和保供调峰，严控煤电装机规模，加快现役煤电机组节能升级和灵活性改造。逐步减少直至禁止煤炭散烧。加快推进页岩气、煤层气、致密油气等非常规油气资源规模化开发。强化风险管控，确保能源安全稳定供应和平稳过渡。

（4）积极发展非化石能源。实施可再生能源替代行动，大力发展风能、太阳能、生物质能、海洋能、地热能等，不断提高非化石能源消费比重。坚持集中式与分布式并举，优先推动风能、太阳能就地就近开发利用。因地制宜开发水能。积极安全有序发展核电。合理利用生物质能。加快推进抽水蓄能和新型储能规模化应用。统筹推进氢能"制储输用"全链条发展。构建以新能源为主体的新型电力系统，提高电网对高比例可再生能源的消纳和调控能力。

（5）深化能源体制机制改革。全面推进电力市场化改革，加快培育发展配售电环节独立市场主体，完善中长期市场、现货市场和辅助服务市场衔接机制，扩大市场化交易规模。推进电网体制改革，明确以消纳可再生能源为主的增量配电网、微电网和分布式电源的市场主体地位。加快形成以储能和调峰能力为基础支撑的新增电力装机发展机制。完善电力等能源品种价格市场化形成机制。从有利于节能的角度深化电价改革，理顺输配电价结构，全面放开竞争性环节电价。推进煤炭、油气等市场化改革，加快完善能源统一市场。

（6）强化基础研究和前沿技术布局。制定科技支撑碳达峰、碳中和行动方案，编制碳中和技术发展路线图。采用"揭榜挂帅"机制，开展低碳零碳负碳和储能新材料、新技术、新装备攻关。加强气候变化成因及影响、生态系统碳汇等基础理论和方法研究。推进高效率太阳能电池、可再生能源制氢、可控核聚变、零碳工业流程再造等低碳前沿技术攻关。培育一批节能降碳和新能源技术产品研发国家重点实验室、国家技术创新中心、重大科技创新平台。建设碳达峰、碳中和人才体系，鼓励高等学校增设碳达峰、碳中和相关学科专业。

（7）加快先进适用技术研发和推广。深入研究支撑风电、太阳能发电大规模友好并网的智能电网技术。加强电化学、压缩空气等新型储能技术攻关、示范和产业化应用。加强氢能生产、储存、应用关键技术研发、示范和规模化应用。推广园区能源梯级利用等节能低碳技术。推动气凝胶等新型材料研发应用。推进规模化碳捕集利用与封存技术研发、示范和产业化应用。建立完善绿色低碳技术评估、交易体系和科技创新服务平台。

（二）加速工业部门的燃料转换和脱碳

在消费侧，工业部门是能源之外最大的能源消费者和二氧化碳排放部门，远高于交通、建筑、商业、生活等部门。

据 IEA 统计，全球电力和热力生产行业贡献 42% 的二氧化碳排放，工业、交通运输业分别贡献 18.4% 和 24.6%。中国电力和热力生产行业贡献 51.4%，工业、交通运输业分别贡献 27.9%、9.7%。中国来自电热、工业的碳排放所占比重比全球更高。分行业看，我国主要的二氧化碳排放来源是高耗能行业，尤其是电热水气生产业。据 CEADs 数据，二氧化碳排放的主要来源是六大高耗能行业。其中电热水气生产占比最高，2017 年占总排放量的 46.6%；黑色金属冶炼和压延加工业，2017 年占比为 18.9%；其他四个高耗能行业排放 2017 年合计占比为 18.1%（有色金属冶炼和压延加工业，非金属矿物制品业，化学原料和化学制品制造业，石油、煤炭及其他燃料加工业）。[①]

Climate Analytics 与 New Climate Institute 两家智库合作的气候行动追踪组织（The Climate Action Tracker，CAT）项目报告《全球变暖预测报告（2021）》（Warming Projections Global，Update May 2021）给出如下建议。

工业是一个主要碳排放部门，需要确定基于每个子部门的可用解决方案从而形成整体脱碳解决方案。在可能的情况下，工业能源供应应电气化，目标是 2050 年最终能源的 50% 左右由电力供应。

[①] 《张瑜：中国的"碳"都在哪里》，新浪网，https://finance.sina.com.cn/zl/china/ 2021-04-20/zl-ikmxzfmk7891284.shtml，2021 年 4 月 20 日。

水泥和钢铁生产排放了工业部门非能源排放的大部分，但到 2050 年脱碳是有可能的。

在水泥行业，与今天相比，到 2030 年和 2050 年，排放强度需要分别降低 30%~40% 和 90%。减少排放的关键措施是减少排放密集型水泥熟料的份额，通过加入碳捕集和碳利用过程，转变为应用热能替代燃料和工艺排放量低的新型水泥。通过在材料替代和材料效率方面的进一步努力，整个水泥行业可以在 2050 年实现零排放。

到 2030 年，钢铁行业需要将排放强度降低 25%~30%，到 2050 年减少到零。脱碳的最佳途径在很大程度上取决于国家环境。废钢回收将在许多国家发挥关键作用；根据可用性，未来产量的份额在 70%~80%。

不再建造新的常规一次炼钢厂（BF-BOF）。在短期内，应考虑在现有的常规电厂中将部分燃料转换为木炭或氢气、沼气。到 2050 年，制氢的市场份额应至少达到 15%~30%，这就要求目前投资大规模示范项目，以支持该技术走向成熟。

（三）建设低碳交通运输体系

建设低碳交通运输体系是我国实施应对气候变化国家战略的迫切要求。交通运输业是国家应对气候变化工作部署中确定的以低碳排放为特征的三大产业体系之一，建立低碳交通运输体系对于我国应对气候变化、实现碳减排目标具有重要作用。

低碳交通运输体系主要体现在以下三个方面。

（1）运输结构优化。即优化公路、铁路、水路、航空、管道运输等多种运输方式的占比，提高运输系统和交通基础设施的效率。

（2）交通燃料转换。例如，动力从燃油转换为电能、氢能、天然气、甲醇等醇醚燃料、生物柴油和乙醇燃料等。

（3）低碳出行和交通系统智能化。如共享单车、城市轨道交通、公交系统的融合。

《中共中央　国务院关于完整准确全面贯彻新发展理念做好碳达峰碳中和工作的意见》提出的措施如下。

优化交通运输结构。加快建设综合立体交通网，大力发展多式联运，提高铁路、水路在综合运输中的承运比重，持续降低运输能耗和二氧化碳排放强度。优化客运组织，引导客运企业规模化、集约化经营。加快发展绿色物流，整合运输资源，提高利用效率。

推广节能低碳型交通工具。加快发展新能源和清洁能源车船，推广智能交通，推进铁路电气化改造，推动加氢站建设，促进船舶靠港使用岸电常态化。加快构建便利高效、适度超前的充换电网络体系。提高燃油车船能效标准，健全交通运输装备能效标识制度，加快淘汰高耗能高排放老旧车船。

积极引导低碳出行。加快城市轨道交通、公交专用道、快速公交系统等大容量公共交通基础设施建设，加强自行车专用道和行人步道等城市慢行系统建设。综合运用法律、经济、技术、行政等多种手段，加大城市交通拥堵治理力度。

（四）实现城乡建设和建筑的低碳转型

根据中国建筑节能协会公布的数据，全国建筑行业上下游合计碳排放量占全国碳排放总量的比重超过50%。作为碳排放大户，城乡建设领域和建筑行业减排任务较为迫切。2021年10月印发的《中共中央 国务院关于完整准确全面贯彻新发展理念做好碳达峰碳中和工作的意见》以及中共中央办公厅、国务院办公厅印发的《关于推动城乡建设绿色发展的意见》两份重要文件，都对城乡建设的绿色低碳提出了具体要求。针对当前城乡建设中存在的"大量建设、大量消耗、大量排放"的突出问题，提出了系统解决思路。包括实施建筑领域碳达峰、碳中和行动，建设高品质绿色建筑；推广绿色化、工业化、信息化、集约化、产业化建造方式，实现工程建设全过程绿色建造；等等。这些措施，对推动城乡建设绿色低碳转型发展、实现城乡建设领域节能减排目标、推动建筑业供给侧结构性改革都将具有重要的意义和关键作用。

《中共中央 国务院关于完整准确全面贯彻新发展理念做好碳达峰碳中和工作的意见》提出要实现城乡建设与建筑的低碳转型，并提出以下具体措施。

（1）推进城乡建设和管理模式低碳转型。在城乡规划建设管理各环节全面落实绿色低碳要求。推动城市组团式发展，建设城市生态和通风廊道，提升城市绿化水平。合理规划城镇建筑面积发展目标，严格管控高能耗公共建筑建设。实施工程建设全过程绿色建造，健全建筑拆除管理制度，杜绝大拆大建。加快推进绿色社区建设。结合实施乡村建设行动，推进县城和农村绿色低碳发展。

（2）大力发展节能低碳建筑。持续提高新建建筑节能标准，加快推进超低能耗、近零能耗、低碳建筑规模化发展。大力推进城镇既有建筑和市政基础设施节能改造，提升建筑节能低碳水平。逐步开展建筑能耗限额管理，推行建筑能效测评标识，开展建筑领域低碳发展绩效评估。全面推广绿色低碳建材，推动建筑材料循环利用。发展绿色农房。

（3）加快优化建筑用能结构。深化可再生能源建筑应用，加快推动建筑用能电气化和低碳化。开展建筑屋顶光伏行动，大幅提高建筑采暖、生活热水、炊事等电气化普及率。在北方城镇加快推进热电联产集中供暖，加快工业余热供暖规模化发展，积极稳妥推进核电余热供暖，因地制宜推进热泵、燃气、生物质能、地热能等清洁低碳供暖。

在绿色建筑方面，根据住建部的数据，截至 2020 年底，全国绿色建筑面积累计达到 66.45 亿平方米，但与此同时，绿色建筑在发展过程中仍存在技术要求落实不够充分、地域发展不够平衡、市场推动机制不够完善等问题。

住房和城乡建设低碳化的工作重点，一是持续开展绿色建筑创建行动，进一步提升绿色建筑占比；二是提高建筑节能标准，在适宜气候区推广超低能耗建筑；三是推进既有建筑绿色化改造，提升建筑节能低碳水平；四是加强建筑运行的管理，降低建筑运行的能耗。[①]

在建筑领域，最理想的当然是零能耗建筑。零能耗建筑指的是不消耗常规能源，完全依靠太阳能或者其他可再生能源供能的建筑。在建筑迈向零能耗目标的过程中，根据其能耗目标实现的难易程度表现为三种形式：超低能耗建筑、近零能耗建筑及零能耗建

[①] 《住房和城乡建设部：进一步提升绿色建筑占比　降低建筑运行能耗》，央广网，http://finance.cnr.cn/txcj/20211025/t20211025_525642572.shtml，2021 年10 月 25 日。

筑，或者说这是一栋建筑在节约能源道路上未来发展的三个阶段。

我国将大力推广超低能耗建筑。在一系列政策鼓励下，我国超低能耗建筑得到较快推广，已建成部分具有代表性意义的示范项目，如中国建筑科学研究院近零能耗示范建筑、夏热冬暖地区首个零能耗建筑综合性办公楼——珠海兴业新能源产业园研发楼、保留乡村生态的天友·零舍近零能耗农宅示范项目、青岛中德生态园、河北高碑店列车新城等。这些建筑采用了高性能新型围护结构、太阳能建筑一体化、智能建筑微能网及地源热泵等高新技术。

据中国建筑科学研究院研究员张时聪介绍，"十三五"期间，我国超低能耗建筑专项财政激励超过 10 亿元，对其从试点示范到规模推广起到重要引导作用，在建及建成超低、近零能耗建筑项目超过 1000 万平方米，带动 100 亿元增量产业规模，将引领建筑节能产业高质量、规模化、可持续发展。超低能耗建筑的规模化推广将对我国 2030 年实现碳达峰、2060 年实现碳中和具有重要支撑作用，上下游产品产业化将带来 5 万亿~10 万亿元的新增 GDP 预期，超低、近零能耗建筑技术体系具有重大推广价值和产业化前景，需进一步研发创新，推动其迈向零碳零能耗。[①]

从能源角度看，未来城乡建设和建筑领域将为各种基于建筑设施的可再生能源系统和微网电力系统提供新的发展机遇。

（五）发展循环经济，推动经济社会全面绿色转型

绿色低碳循环发展是落实可持续发展的主要路径。1992 年，

---

① 《绿色低碳转型超低能耗建筑在我国将成主流》，新华网，http://www.xinhuanet.com/science/2021-06/22/c_1310020577.htm，2021 年 6 月 22 日。

中国参加联合国环境与发展大会，加入应对全球气候变化的进程；"九五计划"期间，可持续发展被确立为国家战略。进入 21 世纪后，一系列发展理念相继提出，如"新型工业化""循环经济""两型社会""低碳发展"等。2012 年，党的十八大报告把"绿色发展、循环发展、低碳发展"作为生态文明建设的重要途径。2017 年，党的十九大报告正式提出建立健全绿色低碳循环发展的经济体系。

从国际趋势看，发展低碳经济和循环经济、实现绿色复苏，已经是大势所趋。目前国际上已实现或者已提出碳中和目标的国家有 31 个，正在酝酿提出碳中和目标的国家将近上百个，逐渐迈向碳中和已成为必然的趋势。一些国家和地区相继宣布具体实施方案，2019 年 12 月，欧盟委员会发布《欧洲绿色协议》，强调以 2050 年实现碳中和为核心战略目标，构建经济增长与资源消耗脱钩、富有竞争力的现代经济体系；2020 年 3 月，欧盟发布新版循环经济行动计划，核心内容是将循环经济理念贯穿产品设计、生产、消费的全生命周期。新冠肺炎疫情发生后，多国呼吁推动疫情后世界经济"绿色复苏"。

面向百年目标，构建绿色低碳循环发展的经济体系是建设现代化国家的必由之路。中国经济建设成就非凡，但也面临着前所未有的资源环境问题和挑战。2020 年，我国占全球 GDP 的比重达到17.4%，生产全球将近一半的钢铁和水泥（2017 年），[①]消耗将近 1/4 的能源（2020 年），温室气体排放居世界第一位（2019 年）。

---

① 资料来源：https://data.worldbank.org/indicator/NY.GDP.MKTP.CD?locations=CN，https://www.sohu.com/a/242137298_100110525。

我国提出到 2035 年基本实现社会主义现代化、2050 年建成社会主义现代化强国的目标，届时人均 GDP 将在当前基础上翻番达到中等发达国家水平乃至更高。在这种情况下，传统发展模式势必难以为继，构建绿色低碳循环发展的经济体系成为必然选择。

《中共中央　国务院关于完整准确全面贯彻新发展理念做好碳达峰碳中和工作的意见》提出，要加快形成绿色生产生活方式。主要措施包括：大力推动节能减排，全面推进清洁生产，加快发展循环经济，加强资源综合利用，不断提升绿色低碳发展水平。扩大绿色低碳产品供给和消费，倡导绿色低碳生活方式。把绿色低碳发展纳入国民教育体系。开展绿色低碳社会行动示范创建。凝聚全社会共识，加快形成全民参与的良好格局。

全面绿色转型的关键重点包括以下十点。①

（1）切实推动宏观经济治理体系绿色转型。真正将生态文明建设融入经济、政治、社会和文化建设的各方面与全过程，将生态环境真正放到宏观经济治理综合决策和政策制定的重要位置上，在财政、金融、税收等国家宏观经济政策工具中突出生态环境导向，加快构建绿色生产和消费政策体系，推动规划、设计、投资、建设、生产、流通、消费、贸易、生活等经济各环节的绿色化。

（2）强化国土空间规划和用途管控。严格落实生态保护、基本农田、城镇开发等空间管控边界，实施主体功能区战略，划定并严

---

① 俞海：《促进经济社会发展全面绿色转型，建设人与自然和谐共生的现代化》，http://epaper.cenews.com.cn/html/2021-08/12/content_68762.htm，《中国环境报》2021 年 8 月 12 日。

守生态保护红线，加快推动"三线一单"（生态保护红线、环境质量底线、资源利用上线和生态环境准入清单）成果落地应用，强化对国家重大战略区域与工业园区的规划与项目环评。

（3）加快调整经济结构。加快推动产业结构、能源结构、交通运输结构、用地结构调整，坚决遏制不符合要求的高耗能、高排放项目盲目发展，推动能源清洁低碳安全高效利用，推动交通绿色低碳转型，推动战略性新兴产业、高技术产业、现代服务业加快发展，加大对绿色低碳技术创新与成果应用转化的支持力度。

（4）广泛开展碳达峰与碳中和行动。切实将碳达峰、碳中和纳入经济社会发展和生态文明建设整体布局，落实2030年应对气候变化国家自主贡献目标，重点控制化石能源消费，实施以碳强度控制为主、碳排放总量控制为辅的制度，支持有条件的地方和重点行业、重点企业率先达峰。加快建设完善全国碳排放权交易市场，加强非二氧化碳温室气体管控，提升生态系统碳汇能力，加强应对气候变化能力建设。

（5）大力提升资源利用效率。推进资源总量管理、科学配置、全面节约、循环利用，全面提高资源利用效率。深化工业、建筑、交通等领域和公共机构节能。实施国家节水行动，建立水资源刚性约束制度。加强土地节约集约利用。提高矿产资源开发保护水平，发展绿色矿业，建设绿色矿山。

（6）深入打好污染防治攻坚战。坚持精准治污、科学治污、依法治污，保持力度、延伸深度、拓宽广度，持续打好蓝天、碧水、净土保卫战。强化多污染物协同控制和区域协同治理，加强细颗粒物和臭氧协同控制，基本消除重污染天气。统筹水资源、水环境、水生态治理，有效保护居民饮用水安全，坚决治理城市黑臭水体。推进土壤污染防治，有效管控农用地和建设用地土壤污染风险。实施垃圾分类和减量化、资源化，重视新污染物治理。推动污染治理向乡镇、农村延伸，强化农业面源污染治理，明显改善农村人居环境。

（7）着力提升生态环境质量和稳定性。从生态系统整体性出发，因地制宜推进山水林田湖草沙冰一体化保护和修复。加快构建以国家公园为主体的自然保护地体系，完善自然保护地、生态保护红线监管制度。科学推进荒漠化、石漠化、水土流失综合治理，开展大规模国土绿化行动。推行草原森林河流湖泊休养生息，健全耕地休耕轮作制度。实施生物多样性保护重大工程，强化外来物种管控。建立健全生态产品价值实现机制。

（8）加快培育绿色低碳生活方式。加强生态文明宣传教育，培育全社会生态文化价值观，增强全民节约意识、环境意识、生态意识，倡导简约适度、绿色低碳的生活方式，开展创建节约型机关、绿色学校、绿色社区、绿色商场、绿色建筑等行动，实施"美丽中国，我是行动者"提升公民生态文明意识行动计划，把建设美丽中国转化为全体人民的自觉行动。

（9）大力提升生态环境治理体系和治理能力现代化水平。加快健全党委领导、政府主导、企业主体、社会组织和公众共同参与的现代环境治理体系，形成生态环保工作"大格局"，构建一体谋划、一体部署、一体推进、一体考核的工作制度机制。深入推进生态文明体制机制改革，强化绿色发展法律和政策保障，完善环境保护、节能减排约束性指标管理，建立健全稳定的财政资金投入机制。改革创新环境经济政策，全面实行排污许可制，推进排污权、用能权、用水权、碳排放权市场化交易，大力发展绿色金融，建立健全生态补偿机制和生态损害赔偿机制。健全完善生态环境风险预防化解管控机制。

（10）积极参与和引领全球可持续发展。秉持人类命运共同体理念，坚持共同但有区别的责任原则、公平原则和各自能力原则，积极参与全球环境治理，建设性参与和引领应对气候变化国际合作。推动落实《联合国气候变化框架公约》及其《巴黎协定》，积极开展气候变化南南合作，加强国际环境公约履约，推动绿色"一带一路"国际合作，做全球环境治理的参与者、贡献者与引领者，为全球提供更多生态环境公共产品。

（六）发展基于自然生态系统的碳汇产业

自然生态系统深度参与全球碳循环过程，其固碳作用对中和碳排放贡献巨大。自然碳汇作为最经济且副作用最小的方法，是未来我国应对气候变化，实现碳达峰、碳中和最有效的途径之一。Canadell 等人 2007 年的研究结果显示，人为排放碳大约有 55% 被自然所消除，其中海洋占 24%，陆地生态系统占 30%。[①]2008 年，世界银行发布报告，首次提出了全球气候变化"基于自然的解决方案"（Nature-based Solutions，NbS），指出自然界的生物多样性增

---

① Canadell JG，Pataki D，Gifford R，Houghton RA，Lou Y，Raupach MR，Smith P，Steffen W Canadell JG，Pataki D，Pitelka L，*Terrestrial Ecosystems in a Changing World*，eds Canadell JG，Pataki D，Pitelka L (Berlin：Springer，International Geosphere-Biosphere Programme Series，2007），pp 59-78.

加能够减少碳排放和增加碳汇，可以对全球减缓气候变化做出贡献。在 2019 年联合国气候行动峰会上，"基于自然的解决方案"被列入加快全球气候行动的九大领域之一。2010~2016 年，我国陆地生态系统年均吸收二氧化碳约 11.1 亿吨，占同时期人为碳排放的 45%。[①]

联合国环境规划署在一份报告中指出，减少碳排放的最佳方法是利用"自然碳汇"。据统计，全球大洋每年从大气吸收二氧化碳约 20 亿吨，占全球每年二氧化碳排放量的 1/5 左右；滨海湿地作为重要的海岸带蓝碳生态系统，每平方公里每年碳埋藏量预计可达 2.2 亿吨；林木每生长 1 立方米，平均吸收 1.83 吨二氧化碳，但其成本仅是技术减排的 20%；草地是全球陆地生态系统分布面积最广的类型之一，按照天然草地每公顷每年可固碳 1.5 吨计算，我国的草地资源每年总固碳量约为 6 亿吨；长江、珠江、黄河三大河流每年固定的二氧化碳也有 0.57 亿吨左右；通过岩溶作用每年可回收大气二氧化碳 0.51 亿吨；依托土地综合整治等手段可实现农田减排增汇，促进农业减少碳排放。

据统计，到 2030 年，我国农业最大技术减排潜力约为每年 6.67 亿吨二氧化碳；我国陆地森林、草原、湿地等生态系统的最大技术减排潜力约为每年 36 亿吨二氧化碳（不包含海洋碳汇）。自然碳汇是未来我国实现碳达峰、碳中和最有效的途径之一，也是最

---

① 资料来源：《中国陆地生态系统年均固碳 11.1 亿吨》，国家林业和草原局网站，http://www.forestry.gov.cn/main/4423/20201120/090549437297318.html，2020 年 11 月 20 日。

经济且副作用最小的方法。[①]

推动实现碳达峰和碳中和，不仅是我国推动构建人与自然生命共同体和引领全球气候治理的重要举措，也是服务高质量发展和生态文明建设的战略途径。即使到 2060 年我国非化石能源占比从目前的 16% 左右提高到 80% 以上，非化石电力占比由目前的 33% 左右提高到 90% 以上，仍有大约 20 亿吨温室气体排放难以消减。因此，在现有的节能减排技术基础上，发掘新的固碳增汇途径非常迫切。

《中共中央　国务院关于完整准确全面贯彻新发展理念做好碳达峰碳中和工作的意见》提出如下措施。

（1）巩固生态系统碳汇能力。强化国土空间规划和用途管控，严守生态保护红线，严控生态空间占用，稳定现有森林、草原、湿地、海洋、土壤、冻土、岩溶等固碳作用。严格控制新增建设用地规模，推动城乡存量建设用地盘活利用。严格执行土地使用标准，加强节约集约用地评价，推广节地技术和节地模式。

（2）提升生态系统碳汇增量。实施生态保护修复重大工程，开展山水林田湖草沙一体化保护和修复。深入推进大规模国土绿化行动，巩固退耕还林还草成果，实施森林质量精准提升工程，持续增加森林面积和蓄积量。加强草原生态保护修复。强化湿地保护。整体推进海洋生态系统保护和修复，提升红树林、海草床、盐沼等固碳能力。开展耕地质量提升行动，实施国家黑土地保护工程，提升

---

① 张连凯、金鑫：《实现碳达峰、碳中和的自然碳汇解决方案》，自然资源部中国地质调查局网站，https://www.cgs.gov.cn/ddztt/jqthd/ddy/jyxc/202107/t2021073067 7425.html，2021 年 7 月 30 日。

生态农业碳汇。积极推动岩溶碳汇开发利用。

农业与土地利用部门是提高自然碳汇的重点领域之一。在农业领域，实现节能减排主要依靠农村沼气工程与化肥产业革新。得益于政策与补贴的支持，截至 2020 年，中国已建立 200 亿立方米的生物沼气池，大幅降低甲烷与二氧化碳排放。面向未来，生物沼气池将向更大规模发展并逐步提升市场运维服务的成熟度，以进一步节能减排。化肥的过度利用是农业温室气体（如氧化亚氮）排放的始作俑者，化肥产业革新将有效推动肥料结构的优化，并加速科学施肥方法的普及。为了实现更大程度的减排，中国需在土地利用领域寻求新的突破。中国目前的垃圾处理主要依靠填埋，未来需推进垃圾焚烧处理的研发，破解现有技术与成本方面的难题，大幅提升垃圾焚烧处理的渗透率，使其在城市生活垃圾处理中达到 80% 的水平。同时，中国需持续挖掘碳汇增长潜力，进一步推进造林与再造林工程，增强温室气体吸收能力，为负排放贡献源源不断的绿色动力。[①]

三　中国碳中和路线图

根据前文的分析，实现碳中和目标的路线图可以归结为以下步骤。

第一，通过产业结构调整，推动能源产出效率更高的产业的发展，包括发展第三产业、高科技制造业、数字经济等。

---

① BCG：《中国气候路径报告》，https://web-assets.bcg.com/89/47/6543977846e090f161c79d6b2f32/bcg-climate-plan-for-china.pdf。

第二，通过提高能源效率，在不减少商品和服务供给的基础上，降低各部门的能源消费需求，从而实现更高的能源产出率、更低的单位GDP能耗，和更少的总能源需求、总碳排放水平。

第三，通过能源转换和替代，发展低碳化石能源（天然气替代煤炭）、非碳常规能源（水电、核电）、可再生能源（风电、光伏发电等）、氢能等，降低能源体系的总体碳排放水平。

第四，通过工业领域的工艺改进，使用非碳和低碳的燃料与原材料，降低工业体系非能源二氧化碳排放。比如在钢铁工业中使用氢替代焦炭作为还原剂。

第五，发展碳捕集、碳循环技术与产业，使排放的二氧化碳回到物质与能量循环之中。在目前技术条件下，二氧化碳回收后与氢合成甲醇是最有技术经济可行性的产业路线。

第六，发展基于自然过程的碳汇产业，比如林业碳汇、渔业碳汇、海洋碳汇产业，中和能源与工业体系的剩余排放量。

在这一路线图中，能源领域是碳中和的重点领域，也是减碳潜力最大的领域。因此，本章后续将重点分析能源领域的碳中和技术与产业发展。低碳、非碳能源的技术进步与产业发展，提供了碳中和的多种技术路线选择。同时，对技术进步规律的把握也使我们可以预期，某些新型能源的成本将在2060年之前下降到可以与高碳能源相竞争的程度，从而提供新的碳中和路径。

（一）碳中和前景的多种选择

为模拟各种能源选择的碳排放和碳中和效果，本书利用中国能源模型系统（CEMS），把各种技术路径及其发展情景纳入总体能源系统，并进行情景分析。CEMS 是使用系统动力学建模方法建立的综合能源情景分析预测模拟模型系统，它根据国家统计局的行业分类，选定基年（目前以 2016 年为基年）后，对部分相近行业进行加总计算，根据对每一个行业需求和生产的预测，以及该行业的技术进步前景预测，考虑行业的燃料替代，计算出该行业对各种燃料的需求预测。各行业的终端能源和燃料需求加总后形成能源和各种燃料的总终端需求，为生产和提供这些能源和各种燃料又会引发对能源和各种燃料的进一步需求，并最终得出能源和各种燃料的总需求。

在计算各种能源消费对应的二氧化碳排放量和非能源工业过程二氧化碳排放量之后，可以得出中国的总体二氧化碳排放量。此外，CEMS 也搭建了宏观经济模块，可以进行宏观经济增长和全球能源的情景分析。

本书考虑的能源选择情景包括以下六个方面。

（1）不同氢能的发展组合，包括灰氢、蓝氢和绿氢。

（2）基于碳基燃料排放的二氧化碳制备甲醇的情景和燃料替代。

（3）能源转换：甲醇、氢能与煤炭、燃油、电能的替代，即各种燃料之间的相互替代。

（4）一次能源电力（核电、水电、风电、光伏电力以及其他形式的可再生能源电力）的发展。

（5）终端能源消费中清洁电力和天然气对煤炭的替代。

（6）各产业的节能潜力。

对这几方面的具体考虑将在后文分别讨论。

（二）氢能的不同发展组合

氢能是近年来备受关注的新型能源。作为能源，氢有两个极具竞争力的特征：高能量密度，单位质量的热值约是煤炭的 4 倍、汽油的 3.1 倍、天然气的 2.6 倍；可存储且无碳，相比电力可以实现跨时间及地域的灵活运用。氢气可广泛从水、化石燃料等含氢物质中制取，但全程无碳的技术路线是有限的，同时它的密度轻，存在储存与运输上的难度。

绿色氢气（简称绿氢）可以通过使用可再生能源电力或核能来生产，但依赖可再生能源发电成本的大幅下降；蓝色氢气（简称蓝氢）可以由煤或天然气等化石燃料制取，并将副产品二氧化碳捕集、利用和封存（CCUS），从而实现碳中和；灰色氢气（简称灰氢）可以由以焦炉煤气、氯碱尾气为代表的工业副产气制取，可利用规模偏小，仅适合市场启蒙阶段使用。

氢能在碳中和领域发挥的作用主要表现在重工业、重型运输的脱碳以及电力系统灵活性方面。运用中国能源模型系统对中国的氢能增长前景进行分析，工业制氢（灰氢和蓝氢）现在每年有约 1900 万吨的产量。预计未来，绿氢的产量在经过导入期之后（2028 年左右）将快速上升。到 2060 年，工业氢产量预计为 1500 万吨左右，绿氢产量预计达 3000 万吨左右，其中 55% 左右用于交通领域和备用电力，45% 左右用于钢铁生产（作为还原剂和燃料）。

氢能将在重工业实现零碳的过程中发挥重要作用。它可为水泥等许多工业提供直接热源；还可在直接还原铁技术中被用作还原剂，以生产零碳钢铁。此外，以氢气、一氧化碳和二氧化碳的混合物作为原料，可以生产化工行业价值链中的几乎所有主要产品。基于可再生能源电解水制氢的 Power-to-X 技术可以成为化工行业的脱碳选择之一。

在钢铁部门的情景模拟中，我们假定到 2060 年氢作为还原剂和燃料替代物。目前高炉炼钢中煤炭和焦炭的占比为 25%，经过中国能源模型系统的计算，这一替代可以减少 1.5 亿吨的二氧化碳排放，约减少了二氧化碳总排放量的 6.5%。同时，这一替代可以节约约 8000 万吨的焦炭消费，相当于减少约 8000 万吨的煤炭利用。

（三）二氧化碳制备甲醇和燃料替代

1990 年，诺贝尔化学奖得主乔治·A. 奥拉（George A. Olah）开始提倡甲醇经济，实际上甲醇作为燃料的应用要更早。甲醇是用于内燃机和燃料电池的燃料。由于其高辛烷值，可以直接作为灵活燃料汽车（包括混合电动汽车和插电式混合动力汽车）的燃料，而不需要更换现有的内燃机。甲醇也可以用作燃料电池中的燃料，可以直接在甲醇燃料电池中使用或者通过重整制氢后使用。

同时，甲醇作为化工原料已经进行了大规模的应用，如用于生产各种化学产品和材料。甲醇制取的原料来源十分广泛，包括化石燃料（天然气、煤、页岩油、油砂等），以及农产品和城市废物垃圾、木材和各种生物质。更重要的是，它还可以利用从工厂回收的二氧化碳（包括发电厂烟道中或水泥厂和其他工厂排出的废气）来生产，碳循环国际公司（Carbon Recycling International，CRI）已经在其首个商业规模的工厂中实现了这点。[①] 如果能够低成本从大气中捕集和回收二氧化碳来生产甲醇，就可以实现化石能源真正意义上的碳中和。

（四）能源转换：甲醇、氢能、煤炭、燃油、电能的替代

氢能和甲醇这两种非常规燃料进入能源系统之后，它们与原有燃料的替代关系是能源模型系统要解决的问题。

甲醇作为液体能源，可以用作交通工具的燃料，替代汽油和柴油，另外可以作为工业和民用燃料用于各种锅炉和工艺过程。在模型测算时，对这三种用途各赋予1/3的权重。

对于氢能的用途，设置了三种情景。前两种是作为交通工具的燃料，主要是作为氢燃料电池，分别替代汽油和柴油；第三种是作为储能装置输出电力，成为未来家庭和商用设施的部分电力来源，这部分电力将减少对化石能源电力的需求。在模型中，我们对这三种用途也各赋予1/3的权重。为简化模型，没有模拟未来电动汽车的趋势，而是给定了一个替代燃油的比例。预计到2060年，交通工具中，汽油车的20%将被电动汽车所替代，所使用的部分汽油和柴油被氢燃料电池、甲醇燃料所替代。

（五）一次能源电力的发展和对化石能源电力的替代

从我国经济特点看，2030年之前实现碳达峰不难，但是在后面约30年从峰值达到碳中和难度甚大。以约30年的时间实现能源结构从高碳到碳中和，毫无疑问将形成对经济结构的巨大冲击。因

[①] Carbon Recycling International，First Commercial Plant，11 July，2012.

此，需要找到一条碳基能源的碳循环利用路径，才能避免对经济的负面影响。为实现 2060 年碳中和目标，需要尽快实现碳达峰，最好在当下即实现达峰，次优选择是在 2025 年前后实现碳达峰，这样将减少后期经济调整的难度，减轻对经济运行的冲击。

因此，为实现 2060 年之前碳中和的目标，需要在 2030 年之前实现非碳能源和碳中性能源占比达到 50% 以上，才能为后面的碳中和创造条件，否则 2030 年就不可能实现碳达峰，其后碳排放还可能会有所增加。

近年来，以风电、光伏发电为主的一次可再生能源电力成本迅速下降，部分地区已经出现了与煤电成本相当甚至低于煤电成本的项目和案例。为此，综合评价之后，我们给出了中国电力的增长情景建议（具体数据见附表）。其中，燃煤发电需要大幅度减少，水电、核电应大幅增加，风电等可再生能源电力也需要快速增加，来填补减少的煤电。此外，天然气发电也需要有一定的增加，作为对燃煤发电的替代，并用于维持整个电力系统的稳定。另外，对核电的建议是在完成目前规划的核电项目之外不再新建核电项目，这是为回应公众对核电安全的担忧；水电因受限于资源禀赋，我们预测其将有较低幅度的增长。未来天然气发电、核电、水电、燃煤发电将一起作为整个电力系统的基荷，与风电等可再生能源共同担负起电力供应的任务。

（六）清洁电力和天然气对煤炭的替代

除电力生产部门要降低燃煤发电的占比之外，降低终端能源消费中的煤炭占比也是非常重要的方面。本书设定了一个终端部门

（能源转换部门之外的其他部门）能源消费中的煤炭替代情景，时间是 2026～2035 年，终端部门中的煤炭消费将逐步被可再生能源电力和天然气替代，其中天然气对煤炭的替代比例从 2025 年的 0 上升到 2035 年的 40%，可再生能源电力对煤炭的替代比例从 2025 年的 0 上升到 2035 年 30%，煤炭从原有技术路线上的占比 100%（2020 年）下降到 2035 年的 30%。

（七）各产业的节能潜力

节能才是最大的能源。中国经济在实现高速增长的同时，能源效率也得到了大幅度的提高。根据对我国历史数据的分析，改革开放 40 年多来我国的平均能源强度每年约提高 3.7%，为我国节约了大量的能源。同时，我国已经初步完成了工业化与城市化进程，产业升级速度加快，智能制造、信息化工业化融合技术的快速应用，为提高能源效率提供了技术支持和可行性。因此，本书对未来能源效率的提高速度做了新的假定，即主要制造业比历史平均水平提高 10%，采取年均 4.1% 的能效提高速度，采矿业、农业、生活、商业的能效提高率仍保持年均 3.7% 的水平。

根据对碳中和前景路线图的分析，由中国能源模型系统模拟测算出实现碳中和目标的结果，具体数据见附表 2-1 至附表 2-3。

附表 2-1　推荐情景下的能源需求预测

年份	总原油需求（万吨）	总天然气需求（万吨）	总煤炭需求（万吨）	总电力需求（亿千瓦时）
2025	62813.9	3929.55	400443.0	74639.2
2030	62497.9	4801.16	295143.0	77613.0
2040	59117.2	6566.26	161949.0	82411.3

续表

年份	总原油需求 （万吨）	总天然气需求 （万吨）	总煤炭需求 （万吨）	总电力需求 （亿千瓦时）
2050	54838.4	7638.48	100778.0	83914.4
2060	49394.1	8379.69	46089.6	83119.3

注：原油的预测是减去为出口成品油所需求的原油的国内净需求预测。

资料来源：中国能源模型系统模拟结果。

附表 2-2　推荐情景下的电力生产预测

单位：亿千瓦时

年份	燃煤发电	其他一次能源 电力	天然气发电	核电	水电	氢电
2025	36522.3	16460.9	5640.0	6288.2	13623.8	32.5
2030	26841.9	24176.1	7836.6	8681.8	14121.3	40.3
2040	15747.1	34763.2	12246.2	9115.9	14791.8	84.5
2050	8105.97	40929.7	14926.6	9115.9	15037.6	215.2
2060	5197.71	40929.7	16759.5	9115.9	15037.6	453.6

资料来源：中国能源模型系统模拟结果。

附表 2-3　推荐情景下的绿氢绿色甲醇预测

单位：万吨

年份	燃料甲醇产量	绿氢产量	绿色甲醇产量	进口甲醇数量
2025	3429.47	416.11	4.92	2029.02
2030	4020.62	751.35	32.31	2726.86
2040	6083.74	1300.85	690.90	4156.62
2050	8404.89	2000.01	1873.46	5295.21
2060	10957.60	2949.67	3948.49	5772.86

资料来源：中国能源模型系统模拟结果。

BCG 基于全球升温控制在 1.5℃ 的路径提出了类似的路线图。BCG 将中国的减碳举措分为能源结构转型、模式升级、能效提升、碳捕集与封存技术四大类。

·能源结构转型：以可再生能源、核能等非化石能源替代煤炭、天然气、石油等化石能源。

·模式升级：通过改变现有设备、工艺的运作模式来推动节能减排（如采用创新工艺流程、交通模式变化、使用热泵技术等）。

·能效提升：提升能源效率（如工业通用设备节能、降低燃油车能耗、推广节能家电等）。

·碳捕集与封存技术：在利用化石能源发电部门以及工业部门中推广碳捕集与封存技术。

在以上四类举措中，能源结构转型的减碳影响最为显著，将贡献约70%的温室气体减排，主要由能源部门的清洁能源发电、交通部门的电动化转型带动。模式升级次之，约占温室气体减排的20%，其中工艺流程创新、可持续农业相关举措贡献主要份额。

在碳中和目标的指引下，能源、交通、工业、建筑、农业与土地利用五大部门需要共同努力，开启低碳转型。为了实现1.5℃路径下温室气体减排目标，五大部门需要各自达成约60%~105%不等的减排幅度（见图2-4），对于部分部门来说，接近零排放级别。这意味着要以果决的政策驱动、机制改革为根基，以积极有力的减排举措为抓手，推动行业的根本变革、企业的绿色转型与提升公众的减碳理念。

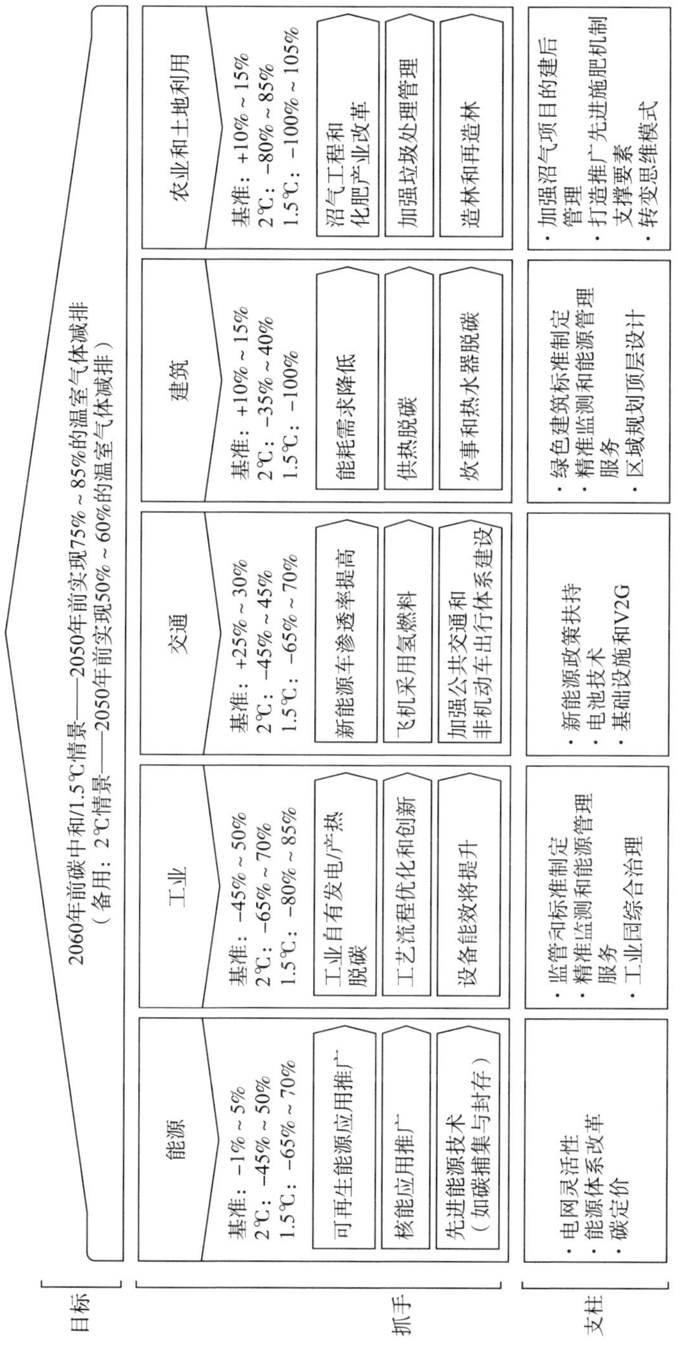

图2-4 BCG的政策建议

注：所有百分比均为与2019年相比的结果。
资料来源：BCG。

第三章　建设稳健的多元互补能源体系

为实现中国 2035 年和 2050 年发展目标，中国能源产业仍然要继续发展，2021 年 9 月多地出现"有序用电"现象，这提示我们，能源电力体系必须发展，能源安全必须受到重视。新能源占比提高之后如何实现能源电力系统的稳健性，如何为经济发展提供绿色和成本可接受的能源服务，是未来"双碳"工作的重点。

一　能源稳定供给和提高抵御市场风险能力

（一）国际大宗商品价格与海运价格上涨压力

2021 年以来，世界经济逐步从新冠肺炎疫情中恢复，需求增长带来了国际贸易活动的回升。然而，新冠肺炎疫情的多次反复增加了国际贸易的不确定性，运力紧张和通关时间延长等因素导致国际海运价格大幅上涨。同时，疫情期间为提振经济和维持居民生活所超发的货币进入能源市场，引起了国际能源价格的快速上涨（见图 3-1 ）。

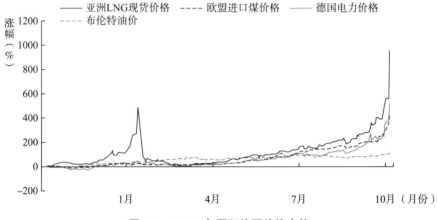

图 3-1 2021 年国际能源价格走势

资料来源：https://www.iea.org/data-and-statistics/charts/evolution-of-energy-prices-2020-2021。

中国也受到国际能源价格上涨的影响。由于多种复杂因素的作用，2021 年国内煤炭价格尤其是动力煤的价格大幅上涨（见表 3-1 ）。电厂发电量降低，造成了 9 月多个地区出现电力供应不足的现象。

表 3-1 2021 年 1~9 月煤炭价格上涨情况

单位：元 / 吨；%

种类	月份	2021 年	2020 年	同比变化	同比变化率
动力煤	1~8 月	867.4	548.3	319.1	58.2
	9 月	1164.2	582.4	581.8	99.9
炼焦煤	1~8 月	1893.2	1531.6	361.6	23.6
	9 月	3163.3	1164.2	1999.1	171.7
无烟煤	1~8 月	1214	931.6	282.4	30.3
	9 月	1630	870	760	87.4

注：2021 年 9 月数据为截至 9 月 8 日的当月均值。

资料来源：Wind、平安证券研究所。

突如其来的限电给经济增长带来影响。中国汽车工业协会（China Association of Automobile Manufacturers，CAAM）10 月 12 日发布的数据显示，受全球芯片持续短缺以及中国局部供电紧张的影响，中国 9 月的汽车销量较一年前暴跌了 19.6%，并已经连续 5 个月下降，而今年第三季度销量也比去年同期下降了 13%。

限电现象的再次出现，提醒我们能源安全与电力系统稳定的重要性。国际石油、天然气、煤炭价格全面上涨的同时，国际海运价格也疯狂上涨，增加了我国的对外支付，提高了经济发展的成本，也再次体现了我国在大宗商品价格问题上缺乏话语权和应对能力。

（二）提高波动性能源管理能力

目前我国石油、天然气的进口依存度已经很高，分别超过了 70% 和 40%，同时进口煤炭占我国煤炭需求的 8% 左右。在这一背景下，发展新能源和非常规能源，成为提高我国能源安全保障水平的重要方面。风电和太阳能发电，不需依赖进口能源，将减少对煤炭资源的过快消耗和对进口煤炭的需求。

但是，风电、光伏电力也有明显的稳定性问题。由于气象变化的特点，风电、光伏发电有明显的波动性。因此，发展以新能源电力为主体的新型电力系统，不可避免地要应对波动性能源占比增加带来的系统控制问题。在 9 月吉林省出现的电力供应紧张，原因之一就是风电出力不足，导致电力供给短期内出现紧张。

除了需要应对波动性能源对电力供应的挑战之外，国内外燃料市场的波动也需要引起重视。2021 年出现的煤炭价格快速上涨与以往有所不同，今年的短期性市场波动的特点更为明显，而

2003~2008 年煤炭价格上涨是主要由市场需求旺盛引起的供应短缺造成的。这种短期性市场波动，给电力企业留出的反应时间很短，应对难度增加。

（三）提前谋划，应对资源约束问题

在中国这样一个大国和超大型经济体，经济活动不仅是为了满足国内的需求，也是全球市场的重要组成部分。中国以一国的能源资源，满足了全球的大部分工业能源需求。

中国已经是世界上最大的电力生产国、消费国，随着经济发展，电力需求不可避免地将遇到资源上限、电网调度规模与难度上限、环境容量上限。按照国家电网规划，到 2060 年中国将达到 14 万亿千瓦时的电力消费量，相当于 2020 年的 2 倍。

如果要实现这一目标，在水电方面，除了西南地区有可能增加一部分发电装机之外已经没有更多的资源保障，煤电是碳中和的重点领域，燃煤电厂也很难增加煤电装机。在光伏发电方面，按照落基山研究所的建议"只需"国土面积的 0.8%，中国在 2050 年就能实现碳中和目标。然而我国 0.8% 的国土面积，几乎相当于重庆市的面积，或者是浙江省面积的 3/4。我国风光资源主要集中在非负荷中心的西部、北部地区，即使在这些地区建设风电、光伏发电基地，远距离传输仍然面临较高的成本，从而影响其经济性和供给可行性。

中国地域广阔，现有的电力生产与消费规模，是建立在超强、超大电网的远距离输送能力之上的。如果电力生产和消费规模翻一番，并且新增的电力装机主要为风电、光伏发电等间歇性能源，那么未来的电网调度、峰谷平衡、间歇性发电预测等的难度可想而知。显然，继续建设以远距离输送为基础的超大电网的做法将极有可能遇到输送能力和调度能力瓶颈。

风电和光伏发电等新能源电力的生产同样存在环境容量问题。首先是风光电力的直接环境影响，其次光伏组件的全产业链生产也是高耗能的过程，今年多晶硅价格快速上涨也说明了这一问题。

我国年太阳辐射超过 5000 MJ/m^2，年日照时间在 2200 小时以上的土地面积占全国土地面积的 2/3，同时中国的风能资源也非常丰富。在这种情况下，能源系统的灵活性、抗冲击性、稳健性是未来能源工作的重点。伴随着波动性可再生能源占比的提升，保障能源系统的稳定运行、提升对问题与风险的预测能力和应对能力，成为实现碳中和目标和经济稳定发展的关键。

二 建设多元互补的综合能源供给体系

能源系统作为经济社会运行的基础，对其最基本的要求是安全稳定运行，具备系统稳健性和抵御各种风险的能力，包括抵御气象灾害风险、事故风险、非传统安全风险、国际国内市场波动风险等的能力。

因此，建设多元互补的综合能源供给体系，让不同形式的能源相互支撑、互为补充，是实现能源系统稳健性的必然途径。

根据曾鸣教授[①]的定义，综合能源系统，是指在一定区域内

---

① 曾鸣：《人民要论：构建综合能源系统》，中国共产党新闻网，http://theory.people.com.cn/n1/2018/0409/c40531-29913249.html，2018 年 4 月 9 日。

利用先进的技术和管理模式，整合区域内石油、煤炭、天然气和电力等多种能源资源，实现多异质能源子系统之间的协调规划、优化运行、协同管理、交互响应和互补互济，在满足多元化用能需求的同时有效提升能源利用效率，进而促进能源可持续发展的新型一体化能源系统。多能互补、协调优化是综合能源系统的基本内涵。多能互补是指石油、煤炭、天然气和电力等多种能源子系统之间协调互补，突出强调各类能源之间的平等性、可替代性和互补性。协调优化是指实现多种能源子系统在能源生产、运输、转化和综合利用等环节的相互协调，以实现满足多元需求、提高用能效率、降低能量损耗和减少污染排放等目的。构建综合能源系统，有助于打通多种能源子系统间的技术壁垒、体制壁垒和市场壁垒，促进多种能源互补互济和多系统协调优化，在保障能源安全的基础上促进能效提升和新能源消纳，大力推动能源生产和消费革命。

综合能源供给体系，不仅是电力体系的多元化与互联耦合，更是电力系统与其他形式能源的耦合，包括氢能、醇醚燃料、生物质能、工业能源如焦炭等。一些情况下，电能与其他形式能源存在一定竞争性，如居民厨房能源中电能可以替代燃气，燃气也可以替代电能。在另一些情况下，电能与其他能源的生产过程是交织在一起的，如海上能源岛用风能为油气生产提供动力，采出的天然气也作为电力生产的燃料。在很多工厂中，电力与天然气、甲醇燃料是可以互相搭配使用的。理论上，这种多元化体现在三个方面。

第一，能源和电力的来源形式越多样化，越有利于抵御市场风险和资源供给风险。企业可以选择成本较低、供给更稳定的资源作为电力和能源生产的来源。

第二，单个间歇性电源生产的波动性较大，但是如果间歇性的生产企业足够多，那么集成之后电力供应的间歇性、波动性就会降低。

第三，多种能源生产体系之间，需要建立灵活的互动机制，才能保证多元化带来的灵活效应。

在现代技术条件下，综合能源供给体系除了传统的煤炭和石油及相应制品之外，还包括以下子系统。

（一）液体燃料体系

液体燃料常见于交通系统的燃油，如汽油、柴油等。实际上，液体燃料远不止此。以甲醇和乙醇为代表的醇醚燃料、生物柴油燃料、油田凝析液等都可以作为液体能源使用。其中，甲醇作为生产工艺成熟、供应链完整、成本相对较低的化工产品，在能源体系中发挥着很大的作用，并很早就作为能源大量使用。它不仅被应用于交通运输车辆，也被用作工业燃料。

（二）电力系统和储能体系

电力系统是最为复杂的人为系统。要建设以新能源电力为主体的电力供应体系，除了保证传统煤电、水电、核电供应之外，还需要对风电、光电等波动性电力进行有效管理。这就需要智能电网的支持，包括进行与风光电力生产密切相关的气象预测和需求侧响应。

目前，煤电等传统电力仍是电力供应的主体，风光电力作为补充电源，其应用上还不够智能，在总电力结构中占比较低。

储能体系也是新型电力系统的重要方面，同时也是发展间歇性电能的主要瓶颈之一。目前很多风光电力采用锂电池储能的方式，这远远满足不了储能的需要。未来抽水蓄能、化学储能、氢储能将是新的发展方向。

（三）天然气

天然气也是含碳的能源，这一点经常被环保人士诟病。但是，天然气在能源体系中的地位非常重要，它是发展可再生能源的重要支持手段。没有天然气电力这种可以即起即停电力的支持，风光电力这种间歇性电力的发展是不可能的。同时，天然气也是重要的化工原料，在制氢和工业燃料方面都有不可替代的作用。除了常规天然气之外，非常规天然气如页岩气、煤层气、油田气、生物制气也都可以作为能源使用，在一定情况下可以算作非碳能源。

尽管今年以来天然气价格上涨很快，但是这应该是暂时性的市场波动，长期来看，国际市场上天然气和 LNG 的供给充足。

（四）氢能

氢能的重要意义不仅仅在于它可以作为能源，它也是工业部门实现减碳的重要手段。氢能将在中国重工业、重型运输的脱碳以及电力系统灵活性方面发挥重要作用。目前氢作为工业原料在工业部门也有广泛的运用。未来氢能利用的关键在于实现氢能生产的绿色化，减少天然气和煤炭制氢的占比。

　　氢作为能源和实现碳中和重要手段，在国际上得到广泛重视。以日本为例，日本的氢能研究起步较早，1973 年就开始开展氢能生产、储运和利用相关技术的研究，并为研究提供财政支持。2013 年 5 月，《日本再复兴战略》把发展氢能提升为国策。2014 年制定了"第四次能源基本计划"，将氢能定位为与电力和热能并列的核心二次能源，明确提出要加速建设和发展"氢能社会"。2017 年 12 月 26 日，日本发布"氢能源基本战略"，确定了在 2050 年建设氢能社会和到 2030 年的具体行动计划。日本的战略目标包括到 2030 年实现氢能发电商业化，以削减碳排放并提高能源自给率[①]。

　　由于氢的化学特性，氢能极有可能在难脱碳行业的碳减排工作中发挥重要作用，未来在成本经济性上也将具有竞争力。此外，氢能也可以在电力系统中扮演能源储存和灵活性调节的重要角色。

（五）生物质高效燃料的就地制备

　　对中国生物质能供应潜力的估算结果差异较大，从每年不到 4.1 亿吨标煤（12EJ）到大约 8.5 亿吨标煤（25EJ）不等。本书认为，每年中国的生物质能供给大约可以达到最多 6.1 亿吨标煤（17EJ），其中约 2.4 亿吨标煤（7EJ）来自农作物秸秆和其他农业废物，1.3 亿~1.7 亿吨标煤（4~5EJ）来自木材废物，1 亿~1.3 亿吨标煤（3~4EJ）来自能源作物，3400 万~6800 万吨标煤（1~2EJ）

[①] 《日本发布"氢能源基本战略"》，搜狐网，https://www.sohu.com/a/212911573_222256，2017 年 12 月 26 日。

来自城市垃圾。随着城市化进程的推进，城市垃圾量可能会增加到发达国家的水平，但更完善的垃圾回收和管理体系也有利于提高垃圾利用率。对于农作物秸秆，本书假设 50% 将被用作肥料或饲料，与当前的占比相同。由于中国有广阔的农村地域和众多的农村人口，要实现农村能源的现代化，依托电网和天然气显然成本过高，而通过对农村生物质能源资源的工业化、小型化加工，就地制备生物质高效燃料，是一条现实的路径。

三　建设新型电力系统

电力系统是建设多元互补的综合能源供给体系的关键和难点，也是保障经济社会稳定运行的基础。因此，建设一个具有足够抗风险能力、以结构合理的稳定性能源为依托的电力系统非常重要。在兼顾可靠性与碳中和两个目标的要求下，建设新型电力系统的关键是解决间歇性电力的比重问题。

（一）保证较高水平的稳定性电力供应

美国、日本、欧洲和德国的稳定性电能比重，即煤电、气电、核电、水电等非间歇性电力的比重较高。美国的这一比重为 87%，日本为 81%，德国最低，也达到了 55%（见图 3-2）。与这些国家相比，中国 88% 的比重也是很正常的。不同点就是，中国煤电的比例明显高出其他经济体。

因此，中国电力生产首先应当转变稳定性电能生产的结构，用非煤的稳定性电能生产逐渐地替代接近服役期的燃煤电力。通过有序的结构调整，实现先立后破的能源变革。

碳中和产业路线 ◯

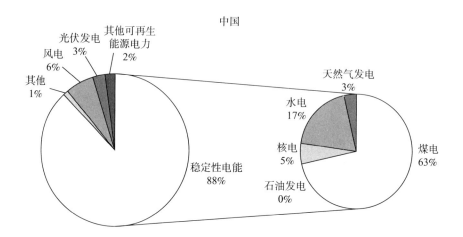

中国

光伏发电 3%
其他可再生能源电力 2%
风电 6%
其他 1%
天然气发电 3%
水电 17%
核电 5%
煤电 63%
石油发电 0%
稳定性电能 88%

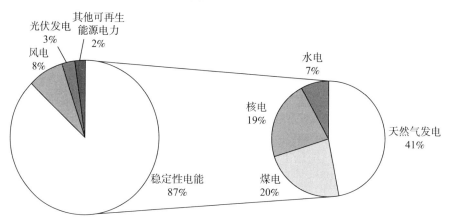

美国

光伏发电 3%
其他可再生能源电力 2%
风电 8%
水电 7%
核电 19%
天然气发电 41%
煤电 20%
稳定性电能 87%

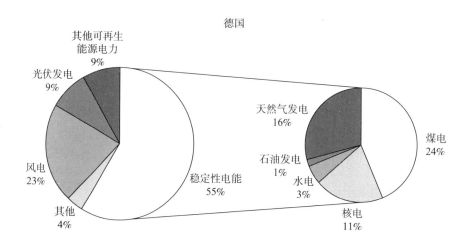

德国

其他可再生能源电力 9%
光伏发电 9%
风电 23%
其他 4%
天然气发电 16%
石油发电 1%
水电 3%
核电 11%
煤电 24%
稳定性电能 55%

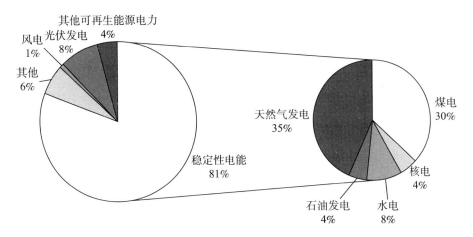

图 3-2　中国、美国、德国、日本的电力生产结构对比

资料来源：BP，2020 年数据。

结合中国的自然环境和资源特点，我们建议优先在有条件的地区发展天然气发电和建设抽水蓄能电站，在条件有保障的情况下也可以发展核电。在技术没有明显突破的情况下，天然气发电、水电、核电等稳定性电能的比重不应低于 64%。

（二）加强电力系统的灵活性

德国作为一个以现代工业为主体的大规模经济体，与中国有一定的可比性，尽管其总量要小于中国。

德国气候保护政策的目标是在 2050 年前实现经济的"碳中和"，能源部门将发挥决定性作用。当前，德国大约有 3/4 的可再生能源电力来自波动性能源——风能和太阳能，这两种能源在德国具有巨大的潜力，在未来将发挥更加重要的作用。一般而言，随着波动性可再生能源占比不断提高，需要不断提高能源系统的灵活性，即需要优化系统运行、调整电源结构。

进入 20 世纪以来，德国监管机构采取了若干措施以优化系统运行，提高了波动性可再生能源占比。这些措施包括以下几个方面。

（1）扩大系统规模。德国输电系统运营商利用了一个简单的规律：系统规模越大，天气因素（或任何其他异常现象）所导致的波动就越容易平滑。例如，虽然单个风力涡轮机的出力在短时间内可能会发生较大变化，但大型风电场的总出力则会因为较大地域范围内天气的均质性而呈现较为平滑的出力。太阳能光伏发电和需求侧也存在这种规律。因此，扩大系统规模实际上有助于德国电力企业降低对于灵活性的需求，而这则是通过德国输电系统运营商之间的合作完成的。

（2）调整市场规则。20 世纪 90 年代电力市场放开时，电力市场非常不灵活。发电侧缺乏充分的（物理）灵活性，因为电厂的发电计划通常是提前一天就已制定。由于市场规则缺乏灵活性，发电计划不可能变更（至少变更十分困难）。因此，德国监管机构决定调整市场规则，允许在当日修改发电计划（日内调整）。市场规则的调整使得系统能够更好地利用已有的（物理）灵活性，而无须改造电厂或新增电厂容量。

（3）推动形成灵活的市场。德国还开展了一系列改革，以提高市场流动性和市场接受度。在电力交易方面，德国引入电力现货交易市场，通过保障所有市场参与者的支付、消费和交割能顺利进行，提高市场交易的便捷度。此外，由于交易机制和调度系统的技术优化（包括在最后一刻调整调度计划），市场参与者的行为更加接近实时，而且可以充分挖掘现有灵活电厂的技术潜力。除此之外，在日内市场中，跨欧洲和跨国电力交易合作推动了市场规模的扩大和流动性的改善。①

为加强中国电力系统的灵活性，我们提出以下建议。

第一，加强气象预测能力。气象预测在现代科技条件下，已经达到较高的精度。大规模风电和光伏电力并入电网后，需要由常规电源和风电共同满足负荷需求。如果风电和光伏电力出力未知，常规电源需预留大量旋转备用容量来应对这种情况，这将极大挤占风电消纳空间，并对电力系统安全稳定运行带来影响。依据气象条件进行短期功率预测，将风电、光伏电力等新能源电力纳入发电计划，是解决上述问题的有效手段之一。

第二，逐步建立灵活的电力交易市场。这一市场应具有以下功能。

（1）鼓励市场运营商（如电力交易所）开展接近实时的交易活动。

（2）在电厂实施计划和进行调度的过程中，输电系统运营商需要确保可以在最后一刻对发电计划进行调整，从而使市场参与者直至最后一分钟都能做出调整。

（3）发电灵活性。电厂能够迅速和高效地提高或降低转速，并且能在较低出力水平上运行（燃气电厂拥有这些特点），对常规电厂进行升级和改造，从而实现较高的爬坡率和较低的最低发电量。

（4）电网灵活性。输电网要拥有足够的输送能力，有大量平衡资源可供利用，包括与相邻电力系统的互通互联，并拥有智能电网技术，可更好地优化输电系统。

（5）灵活的需求侧管理和资源。通过智慧电网实现需求侧响应和储电，以及开展能够迅速响应的分布式发电活动。此外，客户还

---

① GIZ:《对电力系统灵活性的激励：德国电力市场的作用》，2019年10月。

可利用其他方式对市场信号做出响应，或对负荷进行直接控制。

专栏　德国灵活性电网及电储能的商业模式

德国电厂必须在能量市场上销售其生产的电量。因此，存在两种基本选择：（1）与客户进行长期和短期双边交易或通过电力交易所开展交易；（2）在备用市场上向输电系统运营商提供辅助服务。通常情况下，电力公司会选择长期交易和短期交易（包括参与备用市场交易）的组合以降低总体运营风险。在下文中，将通过案例研究介绍并讨论根据这两个基本选择进行电力销售的情况。

由于启动速度快，燃气电厂为短期市场和备用市场提供了非常高的灵活性，并且会因为（可能不断提高的）短期交易价格而受益。如图3-3所示，电力价格受电力消费和可再生能源电力生产的显著影响。在图3-3中，可以很清楚地看到早晨和

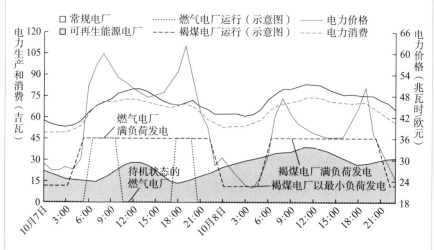

图3-3　2019年10月7~8日的燃气电厂和褐煤电厂现货市场价格交易

下午的峰值价格，这是这些时段家庭对能源需求大所致。尽管中午左右的需求甚至比晚上更高，但太阳能光伏发电减少了对常规发电的需求，因此中午的电力价格并不高。

通常，只要电力价格高于电厂的边际成本（即燃料成本和可变运营成本），电厂（或任何其他发电商）便会一直寻求在短期市场上获得最大化收益。即使在很短的时间内，灵活电厂都能始终对价格信号做出响应，因此，大家有向灵活电厂投资的动机。假设燃气电厂的边际成本为54欧元/兆瓦时，并假设该电厂仅交易短期产品（双边交易或通过电力交易所交易），则该燃气电厂运行时间仅限于大约10月7日凌晨5点至上午10点半，下午5点左右至下午8点半。在这一天的其他时段，燃气电厂将停止运行。

当然，这同样适用于灵活性较小的电厂，如褐煤电厂。在短期市场上运行的褐煤电厂还将尝试尽可能提高运行灵活性。然而，由于技术的限制，特别是由于启停时间长，褐煤电厂提高灵活性要困难得多。在图3-3中，边际成本为36欧元/兆瓦时的褐煤电厂必须做出决定，或者在10月7日晚上11点至10月8日早上6点之间停止运行，或者进入7个小时最低负荷运行。然而，假设停机时间为6个小时，热启动时间为4个小时（未考虑待机时间），则电厂操作员在夜间低价时间段没有足够的时间进入停机状态，因此电厂必须以最小负荷运行，并以低于边际成本的价格售电。但是，这仍然比停机成本低，因为停机意味着第二天高价时段电厂将无法运行。在这里，市场也促使传统发电商提高运行灵活性——只要启动和停机时间短，最小负荷小，任何运营商在短期市场上都能增加收益。

资料来源：GIZ:《对电力系统灵活性的激励：德国电力市场的作用》，2019 年 10 月。

第四章　依托绿色电力发展碳中和产业生态

　　碳达峰、碳中和目标的实现，最终要依靠相关产业链和产业生态的发展。根据第二章的分析，这一产业生态包括以下部分：以风电、光电为代表的可再生能源和绿色电力及其多种场景的应用，依托绿色电力的电解法制氢和绿色氢能（绿氢）以及工业过程的各种副产氢（蓝氢）的利用，绿氢、蓝氢与二氧化碳捕集／储存耦合制绿色甲醇和其利用。电力、氢能、甲醇都是可以直接大规模应用的能源形式，因此这将是一个能够实现碳中和目标的产业生态圈（见图4-1）。

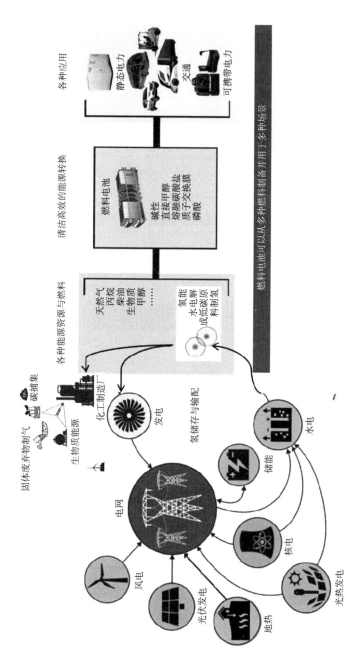

图4-1 基于绿色电力的碳中和产业生态

一　可再生能源的发展与多场景利用

可再生能源的应用场景多种多样，这里综合了一些光电、风电的典型应用场景。

（一）太阳能光伏多场景应用

受益于技术进步和规模经济，光伏发电的成本在最近十年快速下降。自 2010 年以来，太阳能光伏发电（PV）和聚光太阳能热发电（CSP）的成本分别下降了 82%、47%。竞拍和购电协议（PPA）的最新数据显示，在 2021 年投产的项目中，太阳能光伏发电的平均价格能达到 0.039 美元／千瓦时，与 2019 年相比下降了 42%，比燃煤发电的价格低 1/5。2020 年，中国光伏系统价格已降至 0.5 美元／峰瓦，光伏新增装机发电成本到 2025 年将低于 0.3 元／千瓦时，到 2035 年和 2050 年将降至约 0.2 元／千瓦时和 0.13 元／千瓦时[①]。

除了传统的太阳能电厂和分布式屋顶光伏，光伏还可以应用于多种多样的场景，如农业、渔业、公共设施等。这些跨界复合模式一方面使得光伏建设项目在清洁发电的同时能够兼顾经济发展和生态保护；另一方面，空间高效集约利用模式有助于新能源开发项目获得建设所需的土地资源。

1."光伏 + 土地生态修复"

中国是世界上荒漠化严重的国家之一，荒漠化土地面积占国

---

① 孟静惟、贾玮、张慧文等:《"太阳能光伏 +"多场景应用助力应对气候变化》,《中华环境》2021 年第 Z1 期。

土面积的 27.4%，主要分布在 18 个省份，有八大沙漠和四大沙地。在中国的沙漠化土地中，其中已经沙漠化了的土地有 17.6 万平方公里，有潜在沙漠化风险的土地有 15.8 万平方公里，在湿润地带的风沙化土地有 1.9 万平方公里。受沙漠化影响的人口达 5000 余万人，有近 400 万公顷的旱农田和 500 万公顷的草场受其影响。中国沙漠化土地面积从原来的 13.7 万平方公里增加到 17.6 万平方公里[①]。土地退化中和（Land Degradation Neutrality, LDN）和退化土地生态修复一直以来都是全球面临的重要课题。荒漠化土地虽然有待修复，但也提供了大量的土地资源，因此，将荒漠化土地生态修复与光伏建设相结合将带来多方面的收益。荒漠上的太阳能面板不仅可以供电，还可以减少地面受到的日照辐射和水分蒸发量。对于土地所有者来说，在 25 年的光伏电站运营周期后，将有可能获得植被覆盖率更高、土地生产力更高的土地以及使用期间的土地租赁收益。

目前，巴基斯坦、埃及等国，我国内蒙古、山西、青海、宁夏等地都有这样的"光伏 + 土地生态修复"项目。以青海共和盆地的生态修复项目为例，这个 850 兆瓦的项目占地 54 平方千米，建设光伏电站后，光伏板下和板间土地植被覆盖率显著提升，植被覆盖率增加 15%；光伏水泵灌溉地区的植被覆盖率也显著提升。光伏板下 10 厘米、20 厘米、40 厘米处，土壤含水量分别增加 78%、43%、40%。夏季土壤有机质含量比上年增加 11.6 倍，氮含量比上年增加 11.3 倍，土壤微生物增加，进而提高了土地生产力。光伏

[①] 《土地沙漠化》，应急管理部网站，https://www.mem.gov.cn/kp/zrzh/qtzh/201904/
t20190401_243426.shtml，2019 年 4 月 1 日。

发电降低了约 120 万吨碳排放，植被和土壤有机碳也形成了一定程度的碳沉积。电站场区对局部气候有明显调节作用：光伏园区内风速比园区外降低了 40.3%；空气相对湿度比园区外高 2.8%，该项目对土壤温度也有调节作用[①]。

2. "光伏 + 建筑"

中国建筑行业规模位居世界第一，现有城镇总建筑存量约 650 亿平方米，这些建筑在使用过程中排放了约 21 亿吨二氧化碳，约占中国碳排放总量的 20%，也占全球建筑总排放量的 20%[②]。

列支敦士登是一个非常典型的受益于建筑光伏的国家。这个国家面积仅为 160.5 平方千米，只有 38244 人。从人均光伏的角度来看，2015 年列支敦士登超过了原排名第一（人均装机容量为 473 瓦）的德国，以 532 瓦的人均装机容量被 Solar Super State 协会授予 "人均光伏冠军" 的称号。值得注意的是，这个国家所有光伏项目都建设在建筑上。在列支敦士登光照资源条件下，面积为 40~50 平方米的现代光伏系统可大致满足四口之家的用电量，可以持续发电约 25 年，帮助列支敦士登居民用电实现自给自足，并能够向工业提供一部分电力。2020 年 5 月 10 日，列支敦十登的本国发电功率超过了该国用电负荷，说明国家有可能依靠建筑光伏实现能源独立[③]。

---

① 孟静惟、贾玮、张慧文等:《"太阳能光伏 +" 多场景应用助力应对气候变化》,《中华环境》2021 年第 Z1 期。

② 王元丰:《观中国 | 建筑业对中国实现 "碳中和" 至关重要》, 中国日报网, https://cn.chinadaily.com.cn/a/202011/20/WS5fb79f65a3101e7ce9730d70. html，2020 年 11 月 20 日。

③ 孟静惟、贾玮、张慧文等:《"太阳能光伏 +" 多场景应用助力应对气候变化》,《中华环境》2021 年第 Z1 期。

光伏建筑一体化是光伏应用场景的新方向之一。光伏组件通过外观、技术革新，可以作为建筑物的屋顶、外墙、窗户，这样既可用作建材也可用以发电，物尽其美。光伏玻璃幕墙通过采用光伏组件来取代普通钢化玻璃，不仅能达到通风换气、隔热隔声要求，也具备节能环保等优点，更能改善组件的散热情况，达到"多优"的效果。光伏百叶窗表面装有柔性太阳能面板和感应装置，可以根据光照角度自动调节开合角度，在遮阳的同时还能发电。

3."光伏 + 农业"

"光伏 + 农业"即在同一片土地同时开展支架型光伏发电与农业生产活动。根据自然资源部数据，我国耕地面积有 19.179 亿亩，园地有 3 亿亩，草地有 39.67 亿亩[①]。欧洲最大的太阳能研究机构——德国弗劳恩霍夫太阳能系统研究所（Fraunhofer ISE）于 2015 年启动农光一体研究项目 APV—RESOLA，测试光伏板对冬小麦、芹菜、土豆等不同作物产量的影响。对照实验表明，将光伏项目与土豆种植相结合，每公顷土豆增产 3%，农用土地通过光伏额外产出 83% 的绿色电力，土地综合利用率提升 86%[②]。

"光伏 + 农业"这一模式，将光伏板清洁与农田灌溉相结合，能够提高水资源利用效率，也能起到减弱正午过强光照对农作物的不利影响和减少水分蒸发的作用。"光伏 + 农业"模式解决了光伏建设与农业生产争地的问题，并通过光伏建设中的一些干预措施在

[①] 《国土"三调"数据公布：我国耕地面积 19.179 亿亩》，人民网，http://finance.people.com.cn/n1/2021/0826/c1004-32209332.html，2021 年 8 月 26 日。

[②] 孟静惟、贾玮、张慧文等：《"太阳能光伏 +"多场景应用助力应对气候变化》，《中华环境》2021 年第 Z1 期。

尽量确保光伏发电量的同时增加农作物的产量，实现土地复合利用。

以位于宁夏黄河东岸的农光互补光伏电站为例，宁夏黄河东岸曾是荒漠化最为严重的地区之一，该地区平均海拔为 1200 米，年最大降水量为 273 毫米，年蒸发量为 2722 毫米。开发公司对 16 万亩（约 10666 公顷）荒漠化的土地进行生态治理，建设农光互补电站，规划建设 3GWp 光伏电站，已建成并网 1GWp 光伏电站。同时布局优质有机枸杞的"种植—研发—加工—销售"绿色产业链，为当地 3 万贫困人口提供了就业机会。光伏组件减少了辐射强度，"光伏＋农业"使得枸杞的开花季比当地同类枸杞长了 5 个星期，产量增加了 29%[①]。

4."光伏＋渔业"

"光伏＋渔业"是指在水面上方架设光伏板，发电的同时在光伏板下发展渔业，是一种空间资源复合利用的多重发展模式。以江苏渔光一体项目的数据来看，渔光一体草鱼池塘亩产量达到 35550~39705 千克／公顷，远高于当地常规池塘亩产量平均水平（18750 千克／公顷）。339 亩养殖水面安装 50%~75% 光伏组件，建立 10 兆瓦渔光一体池塘，一年共发电 1300 万千瓦时，年亩发电 3.83 万千瓦时，月亩发电 3191.7 千瓦时。鱼菜（稻）共生，累计产出水稻 194.48 千克、空心菜 3529 千克，共计吸收氮元素 161.99 千克、磷元素 27.63 千克、钾元素 202.44 千克，并实现附加产值近 4000 元，利润 3000 余元。通过物理、生物净化和养殖技术的有机结合，做到

---

① 孟静惟、贾玮、张慧文等：《"太阳能光伏＋"多场景应用助力应对气候变化》，《中华环境》2021 年第 Z1 期。

"以鱼养水、以草净水",有效控制了水产养殖内外源性污染问题,对 SS 降解率达 80% 以上,对 COD、TN、TP 降解率在 90% 以上,净化后水质符合《淡水池塘养殖水排放要求》(SC/T 9101—2007)一级标准[①]。

5. "光伏 + 公路"

路侧光伏是利用高速公路及铁路两侧土地建设光伏电站的一种光伏建设形式。德国公路两侧有非常多的窄条状光伏电站。德国地面光伏电站中有 12% 是位于公路和铁路两侧 110 米内的地带。图林根州 500 千米高速公路 110 米沿线的太阳能安装潜力总计可达 1.8 吉瓦。以德国巴伐利亚州代根多夫市 B8 联邦公路以南 Photovoltaik Kainzenstadelfeld 项目为例,它的总面积约为 2 万平方米,光伏设施占地面积为 13992 平方米,光伏板数量为 2829 块,预计年度发电量为 1121.4 千瓦时。[②]

6. 光伏移动穿戴

在现在的光伏产品中,光伏背包和光伏移动电源已经拥有不少使用人群。汉能"会发电的伞"的出现,使光伏应用进一步走向生活日常。随着光伏技术的革新,越来越多的日常用品会有光伏的影子。

总之,太阳能光伏还有很多综合性的应用场景,除上述应用之外,光伏和氢能、储能等结合形成的零碳社区,非洲边远地区由光

① 孟静惟、贾玮、张慧文等:《"太阳能光伏+"多场景应用助力应对气候变化》,《中华环境》2021 年第 Z1 期。
② 孟静惟、贾玮、张慧文等:《"太阳能光伏+"多场景应用助力应对气候变化》,《中华环境》2021 年第 Z1 期。

伏供能的清洁厨房、疫苗箱等。在碳中和的目标下，太阳能光伏的多重耦合模式可以在未来为实现可持续发展、低碳减排和应对气候变化提供强大助力。

（二）分布式风电应用场景

2013 年 3 月 22 日，国家能源局发布《关于做好风电清洁供暖工作的通知》，将在北方具备条件的地区推广风电清洁供暖技术，力争用 2 年至 3 年时间使弃风限电的问题有明显好转。6 月，国家能源局正式批复，将吉林白城市列为全国唯一的风电本地消纳综合示范区。

大唐洮南热力站作为首个国家风电消纳示范项目、吉林省清洁供暖示范工程，于 2011 年 8 月开始施工建设，仅用 3 个月时间，便实现投产供热。该项目在 2011 至 2012 年采暖期初投入商业化运营，经受住了罕见低温天气的考验，保障了节日期间的供热安全，实现了长周期满负荷运行。该热力站采用大功率高温承压蓄热式电锅炉，在"弃风"时段全功率运行，将电能转换为热能储存使用，不仅减少环境污染，还具有明显的"削峰填谷"作用。针对风电的间歇性和反调峰性，其夜间工作能增加电网负荷低谷段用电量，增强风电与电网的互补性。

据测算，一个采暖期可就地消纳弃风 2700 万千瓦时，同比节约标煤 8000 吨，减排二氧化碳 35000 吨。在 2013 年的采暖季，截至 2013 年 2 月 28 日，洮南热力站累计提供清洁热能 7.7791 万吉焦，节约标煤 8814 吨，减排二氧化碳 38562 吨。洮南热力站的实践表明，其采用的弃风供暖技术及运营方式可行；系统运行稳定可靠，运行方式灵活；热量输出调整响应速度快，对气候变化的适应能力强，供热效果好；储能效果明显，风电消纳稳定可靠[①]。

2020年12月20日，山西灵丘县40万千瓦风电供暖示范项目（一期、二期30万千瓦）首台风机顺利实现并网发电，标志着全国最大、山西省首个风电供暖示范项目风电场部分正式投产。该项目分为供热站和风电场两部分，供热站已于2018年10月投产供热，风电场于2019年4月开工建设，2020年12月完工[②]。国家电投集团山西可再生能源有限公司灵丘项目部介绍："40万千瓦的风电场每年可为国家节约标煤256580吨，减少排放二氧化硫280.6吨、氮氧化物280.6吨、二氧化碳801840吨。供热站选用固体蓄热电锅炉供暖，节约了土地资源，并可灵活选择蓄热时间。设备不承压，安全风险低，是新能源储能的发展方向。风电清洁供暖对提高北方风能资源丰富地区风电消纳能力，缓解北方地区冬季供暖期电力负荷低谷时段风电并网运行困难，促进城镇能源利用清洁化，减少化石能源低效燃烧带来的环境污染，改善北方地区冬季大气环境质量意义重大。风电供热的积极意义主要体现在储能、调峰及减排三个方面。"[③]

（三）风光储一体化

2021年10月28日，国家大型风电光伏基地暨鲁北盐碱滩涂

---

① 《风电消纳探新路》，国家能源局网站，http://www.nea.gov.cn/2013-11/26/c_132918976.htm，2013年11月26日。

② 《全国最大风电供暖示范项目首台风机并网》，清洁供热平台网，https://www.chplaza.net/article-7138-1.html，2020年12月23日。

③ 《全国最大风电供暖项目稳步推进》，中国能源网，https://www.china5e.com/news/news-1092559-1.html，2020年6月22日。

地千万千瓦风光储一体化基地，首批总装机 200 万千瓦集中式光伏发电项目开工仪式在潍坊举行。该基地是《生物多样性公约》第十五次缔约方大会领导人峰会上宣布的近期开工建设的首期 1 亿千瓦大型风电光伏基地之一。

作为国家大型风电光伏基地之一，鲁北盐碱滩涂地千万千瓦风光储一体化基地是山东省"十四五"重点打造的可再生能源基地。此次开工的首批项目总装机规模 200 万千瓦，项目总投资 90 余亿元，配套建设 30 万千瓦时 /60 万千瓦时储能电站，通过 220 千伏特高压直流输电工程将电力外送至全省各地，计划于 2023 年底前全部建成投运。投运后，年均发电量高达 26 亿千瓦时，年产值 10 余亿元；每年可替代标煤 82 万吨，减排二氧化碳 213 万吨。

与传统光伏电站不同，鲁北盐碱滩涂地千万千瓦风光储一体化基地打造"绿光一体""盐光互补""渔光互补"等一批复合型"光伏 +"项目，提高了土地利用率、亩产效益率，是加速推进"3060"目标实现的典型引领和示范支撑。

针对该基地盐碱环境特点，阳光新能源公司将发挥光资源分配技术、盐田蒸发评估技术、防雨防渗技术等技术优势，打造集发电、制盐、储能于一体的"盐光互补"创新示范。下一步，山东将以鲁北盐碱滩涂地千万千瓦风光储一体化基地建设为示范，加速推进"光伏 +"基地化、规模化、数字化建设，力争到 2025 年，全省可再生能源发电装机规模达到 9000 万千瓦①。

---

① 《国家大型风电光伏基地暨鲁北盐碱滩涂地千万千瓦风光储一体化基地项目开工》，风电网，https://wind.in-en.com/html/wind-2409393.shtml，2021 年 10 月 29 日。

（四）"十四五"时期我国可再生能源的发展

在"十三五"时期发展的基础上，"十四五"时期可再生能源年均装机规模将有大幅度提升，到"十四五"时期末可再生能源的发电装机占我国电力总装机的比重将超过50%。

可再生能源在能源消费中的占比将持续提升，到"十四五"末，预计可再生能源在一次能源消费增量中的比重将超过50%，可再生能源将从能源电力消费增量的补充，变为能源电力消费增量的主体。"十四五"期间我国将提升新能源消纳和存储能力，既实现可再生能源大规模开发，又实现高水平消纳利用，更加有力保障电力可靠稳定供应，实现高质量发展。

同时，我国将大力提升电力系统的灵活调节能力。在发电侧，加强火电灵活性改造，包括推动抽水蓄能电站、天然气调峰电站的建设。在电网侧，加大基础设施建设，提升资源优化配置能力，特别要发挥大电网资源互济的作用。在用户侧，推进终端电能替代，提高需求侧响应能力[1]。

从2021年开始，风电、光伏发电将进入平价阶段，摆脱对财政补贴的依赖，实现市场化发展。

二 氢产业链与氢能利用

氢能被认为是最理想的新能源，最有希望成为能源的终极解决方案。氢能相比于其他能源方案有显著的优势：储量大、比能量高

---

[1] 《"十四五"时期我国可再生能源发展将进入新阶段》，中央人民政府网，http://www.gov.cn/xinwen/2021-03/30/content_5596818.htm，2021年3月30日。

（单位质量所蕴含的能量高）、污染小、效率高、可贮存、可运输、安全性高等，受到了各国的高度重视。氢能产业链三大环节（见图4-2）中，每个环节都有很高的技术壁垒和技术难点，目前上游的电解水制氢技术、中游的化学储氢技术和下游的燃料电池在车辆和分布式发电中的应用受到广泛关注。

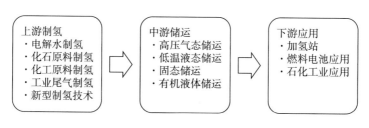

图4-2　氢能产业链

氢能的上游是氢气的制备，主要技术方式有化石原料制氢、化工原料制氢、工业尾气制氢、电解水制氢、新型制氢技术；中游是氢气的储运环节，主要技术方式包括高压气态储运、低温液态储运、固态储运和有机液体储运；下游是氢气的应用，氢气可以渗透到能源应用的各个方面，除了传统石化工业应用如合成氨、石油与煤炭深加工外，在新能源应用方面包括加氢站、燃料电池等。

（一）上游：常用的制氢技术路线

制氢方法是将存在于天然或合成的化合物中的氢元素，通过化学过程转化为氢气的方法。根据原料不同，氢气的制备方法可以分为非再生制氢和可再生制氢，前者的原料是化石燃料，后者的原料是水或可再生物质。制备氢气的方法目前较为成熟，多种能源都可以制备氢气，每种制氢技术的成本及环保属性都不相同。主要分为五种技术路线：工业尾气制氢、电解水制氢、化工原料制氢、化石原料制氢和新型制氢技术（见图 4-3）。

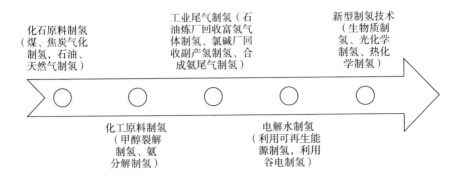

图 4-3 常用制氢技术路线

电解水制氢。在由电极、电解质与隔膜组成的电解槽中，在电解质水溶液中通入电流，水电解后，在阴极产生氢气，在阳极产生氧气。

化石原料制氢。化石原料目前主要指天然气、石油和煤，还有页岩气和可燃冰等。天然气、页岩气和可燃冰的主要成分是甲烷。甲烷蒸气重整制氢是目前采用最多的制氢技术。煤气化制氢是以煤在蒸汽条件下气化产生含氢和一氧化碳的合成气，合成气经变换和分离制得氢。由于石油量少，现在很少用石油重整制氢。

化工原料制氢。甲醇裂解制氢、氨分解制氢等都属于含氢化合物高温热分解制氢，含氢化合物由一次能源制得。

工业尾气制氢。合成氨尾气制氢、石油炼厂回收富氢气体制氢、氯碱厂回收副产氢制氢等。

新型制氢技术。这种制氢方法包括生物质制氢、光化学制氢、热化学制氢等技术。生物质制氢指生物质通过气化和微生物催化脱氢方法制氢，是对在生理代谢过程中产生分子氢过程的统称。光化学制氢是将太阳辐射能转化为氢的化学自由能，通称太阳能制氢。

热化学制氢指在水系统中，在不同温度下，经历一系列化学反应，将水分解成氢气和氧气。这种方法不消耗制氢过程中添加的元素或化合物，可与高温核反应堆或太阳能提供的温度水平匹配。

从全球来看，目前制得的氢气中有 96% 来源于传统能源的化学重整（48% 来自天然气重整、30% 来自醇类重整，18% 来自焦炉煤气），4% 来源于电解水。日本盐水电解的产能占所有制氢产能的 63%，此外产能占比较高的还包括天然气改制氢（8%）、乙烯制氢（7%）、焦炉煤气制氢（6%）和甲醇改制氢（6%）等。[1]

根据欧盟委员会 2020 年 7 月发布的《欧洲氢能战略》，使用可再生能源生产的绿氢成本约为 3 美元 / 千克至 6.55 美元 / 千克。[2]基于化石燃料的制氢成本约为 1.80 美元 / 千克，委员会估计蓝氢的成本约为 2.40 美元 / 千克（耦合碳捕集的天然气重整制氢）。[3]相对于石油售价，煤气化和天然气重整制氢已有利润空间，而电解水制氢成本不具备竞争力。

虽然目前电解水制氢成本远高于化石燃料，而煤气化制氢和天然气重整制氢相对于石油售价已经存在利润空间。但是用化石燃料制取氢气不可持续，不能解决能源和环境的根本矛盾，并且碳排放

---

[1]　顾震宇:《氢能产业链分析（1）产业链构成》，上海情报服务平台网，http://www.istis.sh.cn/list/list.aspx?id=11252。

[2]　European Commission, Hydrogen Strategy, https://ec.europa.eu/energy/sites/ener/files/hydrogen_strategy.pdf.

[3]　Tom DiChristopher, Experts explain why green hydrogen costs have fallen and will keep falling, https://www.spglobal.com/marketintelligence/en/news-insights/latest-news-headlines/experts-explain-why-green-hydrogen-costs-have-fallen-and-will-keep-falling-63037203。

量高，煤气化制氢二氧化碳排放量高达 193kg/GJ，天然气重整制氢的二氧化碳排放量也有 69 kg/GJ。电解水制氢的二氧化碳排放量最高不超过 30 kg/GJ，远低于煤气化制氢和天然气重整制氢[①]。

我国可再生能源丰富，每年弃水、弃光、弃风的电量都可以用于电解水制氢，核电富余电量也可用于电解水制氢。如果将这部分能源充分利用起来，有利于电解水制氢的发展。

（二）中游：氢能的储运

氢是所有元素中最轻的，在常温常压下为气态，密度仅为 0.0899kg/m³，是水的万分之一，因此其高密度储存一直是一个难题。氢能的储存有低温液态储氢、高压气态储氢、固态储氢和有机液态储氢等方式，各有各的优点和缺点。氢输运又分为气氢输送、液氢输送和固氢输送。

1. 低温液态储氢

要把氢由气态变成液态并不容易，液化 1 千克的氢气需要耗电 4~10 千瓦时，液氢的存储也需要耐超低温和保持超低温的特殊容器，储存容器需要抗冻、抗压且必须严格绝热。因此，低温液态储氢并不经济，这种方法仅适用于航天航空领域。

2. 高压气态储氢

高压气态储氢是目前最常用并且发展比较成熟的储氢技术，目前所使用的容器是钢瓶，它的优点是结构简单、压缩氢气能耗低、充装和排放速度快。但是存在泄露爆炸风险，安全性能较差。

---

① 顾震宇:《氢能产业链分析（1）产业链构成》，上海情报服务平台网，http://www.istis.sh.cn/list/list.aspx?id=11252。

该技术还有一个弱点就是体积比容量低，为保证安全，现在国际上主要采用碳纤维钢瓶储氢，但碳纤维材料价格非常昂贵，所以高压气态储氢并非是理想的选择。

3. 固态储氢

固态储氢就是利用氢气与储氢材料之间发生物理或者化学变化从而将氢气转化为固溶体或者氢化物的形式来进行氢气储存的一种储氢方式。固态储氢材料种类非常多，主要可分为物理吸附储氢材料和化学氢化物储氢材料。其中物理吸附储氢材料又可分为金属有机框架（MOFs）和纳米结构碳材料，化学氢化物储氢材料又可分为金属氢化物（包括简单金属氢化物和简单金属氢化物）和非金属氢化物（包括硼氢化物和有机氢化物）。目前各种材料基本复杂处于研究阶段，均存在不同的问题。

4. 有机液体储氢

有机液体储氢技术是通过不饱和液体有机物的可逆加氢和脱氢反应来实现储氢。理论上，烯烃、炔烃以及某些不饱和芳香烃与其相应氢化物，如苯－环己烷、甲基苯－甲基环己烷等可在不破坏碳环主体结构下进行加氢和脱氢，并且反应可逆。

有机液体具有高的质量和体积储氢密度，现常用材料（如环己烷、甲基环己烷、十氢化萘等）均可达到规定标准；环己烷和甲基环己烷等在常温常压下呈液态，与汽油类似，可用现有管道设备进行储存和运输，安全方便，并且可以长距离运输；催化加氢和脱氢反应可逆，储氢介质可循环使用；可长期储存，一定程度上解决能源短缺问题。有机液体储氢也存在很多不足：技术操作条件较为严苛，对催化加氢和脱氢的装置要求较高，导致费用较高；加氢、脱氢反应效率较低，且容易发生副反应，使得释放的氢气不纯。

国内富瑞特装公司的常压有机液态储氢材料研究目前取得实质性进展，该储氢材料能有效降低脱氢温度，具有非常优异的技术指标：（1）稳定性好，熔点约为 −20℃；（2）加氢产物蒸汽压低，具有良好的实用性与安全性；（3）储氢重量密度为 6.0wt%，高于美国能源部 2015 年技术指标；（4）储氢体积密度约每升 60 克，高于700 大气压下的高压气态储氢密度（约每升 39 克）；（5）加氢后的储氢载体熔点低于 −50℃，沸点约为 310℃，闪点约为 150℃；（6）加氢、脱氢可逆性好，无副反应发生，脱出氢气纯度达到 99.99%；（7）加氢、脱氢产物无明显毒性；（8）加氢、脱氢过程调控可通过温控和催化剂实现。

专栏　日本构建国际氢能供应链

受制于国内资源短缺（日本的能源供给约 94% 来源于海外）以及 2011 年福岛核事故的影响，日本能源对外依存度过高的问题显得格外突出。随着氢能战略的发布，日本正在积极推动国际合作，共同构建国际氢能供应链。

日本氢能发展的目标是实现二氧化碳零排放，限于气候和地形条件，日本可再生能源生产成本高于全球平均水平，这直接影响了制氢成本。因此，利用海外可再生能源获取氢能成为日本实现氢能战略的关键。

目前，日本已与多国开启国际氢能供应链合作。

文莱"加氢厂"

世界第一个基于有机液体储氢的全球氢供应链

日本新一代氢能链技术研究合作组（AHEAD）由千代田、日本邮船、三井物产、三菱商事四家企业联合创办，其在文莱与日本间构建的氢供应链旨在利用文莱建设的天然气工厂重整制氢、再利用千代田开发的 Spera 氢技术通过轮船将氢气储存和运输到日本、最后在川崎脱氢厂进行脱氢，实现有机液态长距离海运输氢（见图4-4）。

该项目已于2020年正式开始运营，预计每年向日本运输210吨氢气，用于发电和交通领域。未来，该项目还将利用文莱的风电资源，开展可再生能源电解制氢，以实现低碳清洁氢的供应。

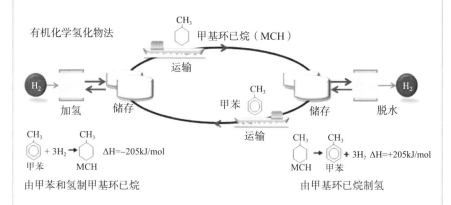

图4-4　日本与文莱的氢能供应链合作

澳大利亚"制氢厂"

褐煤制氢与液态氢运输

日本无二氧化碳氢能源供应链技术研究协会（HySTRA）

所推进的褐煤制氢项目，由澳大利亚电力生产商 AGL 能源公司和日本川崎重工合作推动，旨在将褐煤转化为氢并配合 CCS 技术实现零碳排放的氢能生产（见图 4-5）。

此次液态氢运输所使用的轮船是世界上第一艘载货能力为 1250 立方米的液态氢运输船，具备长距离运输和低温存储功能，保证了海上液态氢运输的安全性。

该项目于 2020 年开始运行，有望于 2030 年实现商业化运作。如果项目运作成功，则澳大利亚的褐煤储量可以提供相当于日本 240 年的总发电量，同时也能大大降低制氢成本。

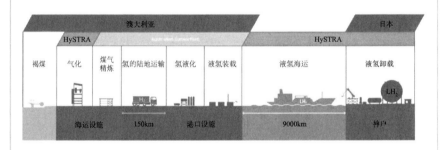

图 4-5　日本与澳大利亚的氢能供应链合作

沙特阿拉伯"制氢厂"

以氨气为载体的氢供应链

沙特阿拉伯国家石油公司（以下简称沙特阿美）与日本贸易公司三菱株式会社及工程公司 JGC 合作构建以氨气为载体的氢供应链（见图 4-6）。考虑到纯氢较难储存和运输，氨则可以通过现有的基础设施以较低的成本进行处理，沙特阿美选择利用其天然气工厂从天然气中分离氢能制氨，将其运输至日本后，再从氨中分离氢能。

2020年10月，沙特阿美成功将40吨高等级蓝氨（配合CCS技术，实现天然气制氨零碳排放）海运至日本，用于零碳发电。未来，沙特阿拉伯有望成为日本最有潜力的合作伙伴。

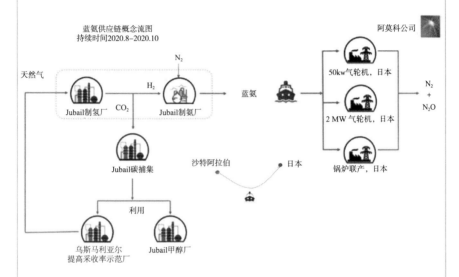

图4-6　日本与沙特阿拉伯的氢能供应链合作

挪威"制氢厂"

可再生能源电力制氢

2017年，日本川崎重工与挪威NeL氢能公司达成合作，旨在利用可再生水力发电生产氢能，通过邮轮将液化氢输送到日本，以此实现商业化零排放制氢。该项目预计年制氢约22.5万~300万吨。未来，有望实现可再生能源风力发电制氢，并以24日元/ Nm^3（21.7美分/ Nm^3）的价格向日本供应液化氢。

顾震宇：《氢能产业链分析（1）产业链构成》，上海情报服务平台网，http://www.istis.sh.cn/list/list.as0px?id=11252。

（三）氢能产业链下游应用

氢能产业链下游应用包括加氢站、燃料电池的各种应用（包括车辆、固定式电站、便携式电子、分布式发电等）、石化工业应用。石化工业是目前氢的主要应用领域，据统计氢 60% 被用于合成氨，38% 被用于炼厂石油和煤炭的深加工。

1. 世界各地加氢站建设

根据 Ludwig-Bölkow-Systemtechnik（LBST）和 Tüv SüD 旗下网站 H2stations.org 第 13 次年度评估[①]的结果，截至 2020 年底，全球已有 560 座加氢站投入运营（见图 4-7）。2020 年，全球有 107 个加氢站投入运营，比以往任何时候都多。其中，位于欧洲的有 29 座，亚洲 72 座，北美洲 6 座。有 4 个国家的加氢站发展迅速：德国扩大了其网络，增加了 14 座加氢站，中国增加了 18 座，韩国增加了 26 座，日本增加了 28 座。2021 年前几周，全球又增加了 7 座加氢站，并且有 225 座新加氢站在建设计划中。

在欧洲，截至 2020 年底共有 200 座加氢站（见图 4-8），其中 100 座在德国。法国以 34 座运营中的加氢站数量位居欧洲第二，并计划建设 38 座加氢站，目前在欧洲增长最为强劲。但不同于其他欧洲国家专注于公共客车加氢站建设，法国加氢站的服务对象多为公交和货车。预计荷兰的加氢站数量也会显著增加，目前计划中的加氢站数量已增至 23 座。另根据计划，2021 年初瑞士开设了第 9 座加氢站。

---

① Record number of newly opened hydrogen refuelling stations in 2020 | TÜV SÜD, http://www.tuvsud.com，17 February 2021.

在亚洲，截至 2020 年底共有 275 座加氢站（见图 4-8），其中日本 142 座、韩国 60 座。被统计到的 69 座中国加氢站几乎专门为公交或卡车加氢。

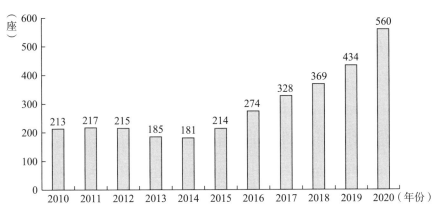

图 4-7　全球加氢站数量

资料来源：H2stations.org by LBST。

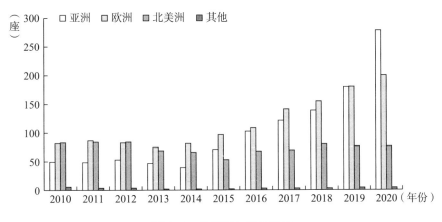

图 4-8　分地区加氢站数量

资料来源：H2stations.org by LBST。

北美的 75 座加氢站中有 49 座位于美国的加利福尼亚州。2020 年新增 4 座，计划中的专用加氢站数量大幅增加至 43 座。

凭借在西班牙特内里费岛上建造加氢站的计划，非洲首次出现在报告中。

2. 氢燃料电池发电

除在汽车领域的应用外,大型燃料电池可以为建筑物的备用或应急电源供电,也可以为未接入电网的地方供电。截至 2020 年 10 月末,美国 108 个设施中约有 161 个正在运行的燃料电池,总发电量约为 250 兆瓦。最大的是特拉华州的红狮能源中心(Red Lion Energy Center),总发电量约为 25 兆瓦,它使用天然气生产的氢气来运行燃料电池。

三 甲醇产业链及应用

甲醇是一种无色、微醇的挥发性液体,沸点在 64.5~64.7 ℃,易溶于水,在汽油中溶解度大,有毒、易燃。甲醇是碳中和目标中的一个重要领域。

(一)化工应用

甲醇是重要的能源化工产品,其消费量在世界基础化工原料中仅次于乙烯、丙烯和苯,中国是最重要的消费市场。甲醇在我国的应用范围很广,影响了很多行业,对国民经济产生了很大的影响。目前,中国是世界上最大的甲醇生产国和消费国,煤制甲醇占世界煤制甲醇总量的 95%。

甲醇大致分为工业甲醇、燃料甲醇、变性甲醇。目前,工业甲醇是主体。用煤、焦炭、天然气、轻油、重油等合成的质量指标符合国家标准 GB 338-2004 要求的甲醇均为工业甲醇。

甲醇是重要的有机化工原料,也是优良的能源和汽车燃料,还可通过生物发酵生产甲醇蛋白，用作饲料添加剂。此外，近年来碳化学不断发展，以甲醇为原料合成乙二醇、乙醛、乙醇等工艺路线也越来越受到关注。作为化工原料，可以用甲醇进一步加工的有机化工产品有数百种。甲醇主要用于生产甲醛，其次用作甲基化剂。甲醇羰基化可生产重要的有机合成中间体，如乙酸、乙酸酐、甲酸甲酯和碳酸二甲酯，它们是制造各种染料、药品、农药、炸药、香料和喷漆的原料。

（二）能源应用

由于甲醇的化学性质，在汽油和柴油中添加甲醇作为补充燃料在技术上和经济上都是可行的。尽管业界仍然有争论，100%甲醇（M100）作为汽车发动机燃料也是可行的。

甲醇燃料。甲醇通过脱水可生成二甲醚，醚燃料是甲醇和二甲醚按一定比例混合而配置成的新型液体燃料，其燃烧效率和热效率均高于液化石油气(LPG)。

燃料电池。直接以甲醇为燃料，通过甲醇和氧的电化学反应将化学能自发地转变成电能的发电技术称之为直接甲醇燃料电池（DMFC）。它的主要特点是甲醇不经过预处理就可直接应用于阳极反应产生电流，同时生成水和二氧化碳，对环境无污染，为洁净的电源。

甲醇制氢。为减少化工生产中的能耗和降低成本，以替代电解水制氢的工艺，利用先进的甲醇蒸气重整制氢，即通过变压吸附技术制取纯氢和富含二氧化碳的混合气体，经过进一步的处理后，可同时得到氢气和二氧化碳气。

生物柴油。生物柴油是清洁的可再生能源，它是以大豆和油菜籽等油料作物、油棕和黄连木等油料林木果实、工程微藻等油料水生植物以及动物油脂、废餐饮油等为原料制成的液体燃料，是优质的石油柴油代用品。

为保障我国能源安全，国家大力推动可替代能源的发展，作为甲醇深加工产品的二甲醚、甲醇燃料（单独使用或与汽油、柴油混合使用）等，均具有良好的传统能源替代性和可操作性。

当前，《车用燃料甲醇》《车用甲醇汽油（M85）》等一系列国家标准的颁布实施，使得甲醇作为替代能源原料具有政策依据，发展前景广阔。目前全国已有山西、上海、浙江、新疆、陕西、四川、甘肃、内蒙古等省份在进行甲醇燃料试点及推广工作。

（三）"液态阳光"

乔治·A.奥拉（Georg A.Olah）教授出版了他的《跨越油气时代：甲醇经济》一书，提出甲醇是未来实现碳中和目标的可行手段，是连接化石能源与氢能的关键环节，同时它既可以作为能源使用（直接燃烧或者作为燃料电池的原料），也是重要的化工原料，可以生产所有现今体系的有机化工和高分子产品。

甲醇在能源和碳中和中的作用日益受到重视。由于可以使用二氧化碳加氢制取甲醇，它在实现碳中和目标中的作用就显得非常重要，使得碳元素在能源过程中的物质循环成为可能，从而真正解决了工业部门的碳中和问题。如果制取甲醇使用的二氧化碳来自碳捕集、碳税收，氢来自绿色电力的电解水过程，那么所生产的甲醇就可以视为绿色甲醇和碳中和甲醇，这就实现了碳的减量化。绿色甲醇也就是李灿院士命名的"液态阳光"，其生产过程见图4-9。

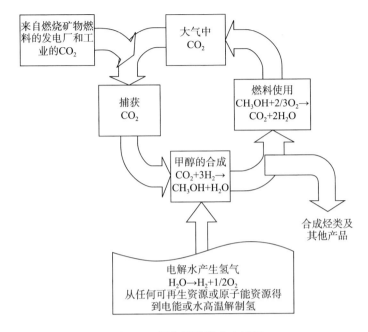

图4-9　绿色甲醇的生产过程

资料来源：方德巍、郭新宇：《"能源供给侧革命"必将引领甲醇经济兴旺发展》，2018年全球能源安全智库论坛。

大规模高效转化利用以太阳能为代表的可再生能源，并在此基础上构建绿色低碳的社会已成为国际共识。我国正以"双碳"目标为导向，发展可再生能源和绿色氢能。由"液态阳光"供给的绿色氢能示范项目利用风光水电高效电解水制氢，耦合二氧化碳加氢合成"液态阳光"甲醇，并以甲醇作为储氢储能载体，在此基础上设计开发集在线制氢、分离纯化、升压加注及二氧化碳液化回收于一体的"液态阳光"制氢加氢装备技术。

"液态阳光"甲醇路线在解决高密度储存运输氢气的安全性问题的同时，降低氢气储运成本，并可灵活调整产能，实现氢气的现产现用，具有重大的现实意义。该技术采用撬装装备，占地面积较小，可广泛灵活应用于港口码头、公路场站及大型交通工具等多种制氢用氢场景。

特别值得指出的是，"液态阳光"加氢站的碳回收装置可将制氢过程产生的二氧化碳液化回收利用。相比于碳捕集与封存（CCS），将二氧化碳转化为"液态阳光"甲醇借助的是碳捕集与利用（CCU）技术，它在获得液态能源的同时实现可再生能源持续转化利用、二氧化碳减排和大规模储能。具有我国自主知识产权的全球首套"液态阳光"甲醇合成及加氢站示范项目已于2020年通过中国石油和化学工业联合会和中国产业发展促进会的技术成果鉴定，目前各方已合作共同推进液态阳光项目以及加氢站的应用和推广。[①]

（四）行业生产情况

金联创监测数据显示，截至2020年底，中国甲醇总产能为9853.5万吨，剔除失效产能417万吨，合计有效产能为9436.5万吨，较2019年底产能增加547.5万吨，年增速6.16%；若剔除掉长期停产的394万吨装置，我国甲醇长期有效产能大约9042.5万吨，其中烯烃配套甲醇产能为3040万吨。新增项目方面，2020年中国新增甲醇883万吨，其中77%新增量集中在主产区西北一带，合计产能约680万吨，且该部分产能中烯烃配套甲醇项目占比为76%。[②]

[①] 《全国首个液态阳光制氢、加氢一体化示范项目落成剪彩！中集安瑞科携手大连化物所共同打造！》，国际能源网，https://m.in-en.com/article/html/energy-2308702.shtml，2021年10月22日。

[②] 《甲醇：2020年中国产能年增速增至6%附近》，网易，https://www.163.com/dy/article/G0AS5FOA0518KVG5.html，2021年1月14日。

从产量来看，2020 年我国甲醇总产量 6357 万吨，较 2019 年增加 500 余万吨，年增速为 8.54%。其中 2020 年甲醇月均产量约 530 万吨，较 2019 年月均增加约 42 万吨；除新增项目释放体量相对客观外，陕蒙等主产区部分甲醇装置存在高负荷 / 超负荷运行的情况。[①]

2021 年中国有约 828 万吨甲醇装置投产计划，部分大型项目投产时间多集中在上半年，涉及企业有：延长中煤二期、山东盛发、九江心连心、新疆众泰煤焦化、中煤鄂尔多斯能化、上海华谊（广西）等。截至 6 月底，共有 437 万吨装置投产，投产比重在 53% 左右。而下半年计划投产装置主要集中在西北等地，其中久泰（托县）投产装置较大，共 200 万吨甲醇装置计划投产，另外宁夏宝丰三期及河南延化、安阳顺成等装置投产节点集中在年底，部分装置不排除推迟到 2022 年初投产的可能。[②]

下游产品方面，以醋酸、二甲醚、MTBE、甲醛、烯烃等产品装置为例，总计约 470 万吨投产计划，截至 6 月底仅有 110 万吨产能投产，投产比重在 23% 左右，涉及企业有：广西华谊一期（50 万吨醋酸）、江西九江心连心一期（20 万吨二甲醚）、中科炼化（20 万吨 MTBE）、广西来宾福隆（20 万吨甲醛）。而下半年下游装置投产相对较多，尤其甲醛装置多集中在下半年投产。[③]

此外，中国是世界上最大的甲醇进口国。2020 年全年甲醇进

[①] 《甲醇：2020 年中国产能年增速增至 6% 附近》，网易，https://www.163.com/dy/article/G0AS5FOA0518KVG5.html，2021 年 1 月 14 日。

[②] 《2021 年上半年甲醇产业链相关产品概述（上篇）》，搜狐网，https://www.sohu.com/a/477155274_120705192，2021 年 7 月 13 日。

[③] 《2021 年上半年甲醇产业链相关产品概述（上篇）》，搜狐网，https://www.sohu.com/a/477155274120705192，2021 年 7 月 13 日。

口量达 1300 万吨，比 2019 年增加 210 万吨，增幅为 19.27%，且总进口量继续创历史新高 ①。

进口来源方面，伊朗产甲醇仍为中国进口甲醇主要来源，2020年进口伊朗甲醇达 520 万吨以上（阿联酋转口的也是伊朗产甲醇），占中国总进口量的 40% 以上（见表 4-1），伊朗连续两年居中国甲醇进口来源国首位。

表 4-1　2020 中国甲醇进口来源

排名	来源国	进口量（万吨）	占比（%）
1	阿联酋	276.83	21.29
2	伊朗	247.45	19.03
3	阿曼	214.07	16.47
4	沙特阿拉伯	154.53	11.89
5	新西兰	153.93	11.84
6	特立尼达和多巴哥	96.26	7.40
7	委内瑞拉	58.55	4.50
8	马来西亚	35.07	2.70
9	智利	25.27	1.94
10	文莱	22.71	1.75

资料来源：《2020 年中国甲醇进口量继续破新高》，搜狐网，https://www.sohu.com/a/447202912_99960224，2021 年 1 月 28 日。

---

① 《2020 年中国甲醇进口量继续破新高》，搜狐网，https://www.sohu.com/a/447202912_99960224，2021 年 1 月 28 日。

第五章　建设低碳工业体系

工业部门是能源消费和二氧化碳排放的最大贡献者。构建绿色低碳的工业体系，不仅是实现应对气候变化目标的必要手段，对工业的可持续发展同样意义重大。

工业部门的减碳和脱碳主要有以下途径。（1）通过结构调整，减少高耗能、高排放工业的产能和需求，实现减碳目标。（2）通过利用工业循环经济生产体系尤其是能化共轨产业技术体系，提高能源和物质利用效率，从而实现减碳目标。（3）通过燃料转换、工艺改进、碳捕集与利用以及生物质能来实现重工业领域的脱碳，这些重工业领域包括钢铁、水泥和化工（合成氨、甲醇、高价值化学品）等行业。

本章主要讨论能化共轨产业技术体系和氢能在钢铁工业中的脱碳作用，并以此作为工业部门脱碳的示范。

一 能化共轨产业技术体系

能化共轨是指电力与热、冷和其他有关产业的联合生产，包括常规热电联产、三联产，以及燃料和其他增值产品（如饮用水）的生产。能化共轨是一个相对较新的概念，它能提高能源供应系统的效率，同时可以与可再生能源的使用无缝集成。

（一）发展能化共轨工业技术的意义

从物质角度看，把石油、天然气、煤炭这些经过亿万年地球进程积攒下来的资源，以燃烧的方式永久性地消耗掉，毫无疑问是一种浪费。目前开采的石油中，有 88% 用作燃料，其他的 12% 用作化工业的原料。中国开采煤炭的 70% 左右用于发电或者散烧。

在能源的生产和消费过程中，有大量的物质以废渣、废液、废气和雾霾的形式排放到环境中，成为污染源。这是对物质和能量的双重浪费，也是对建设生态文明和保护生态环境的重大挑战，因此迫切需要发展燃烧后不产生废渣、废液、废气（不包括水蒸气和二氧化碳）和雾霾的燃料。实际上，废气、废渣、废液在化学工程上是可以循环利用的资源，而雾霾实际上含有可燃烧而未燃烧的有机物。

通过现代化工、精细化工技术实现煤炭、石油、天然气最高的物质转换效率，把地球经过亿万年化学进程留给我们的财富转化成工业文明的产品，把在这一化学过程中产生的能量转化为高效率的、清洁的液体燃料、气体燃料和清洁电力，与可再生能源共同集成一个清洁、高效、智能的能源供给系统，并通过基础设施网络和分布式能源相结合的方式，供给产业部门和千家万户。

能源工业过程与化学工程结合，将大大减少污染的产生与排放。从化学角度讲，多数有机化学工艺过程会产生热量，因此，如果把石油、天然气、煤炭作为化工生产的原料，进入物质循环，而把化学工艺过程中产生的热量作为能量的来源进入能源供给体系，将大大提高能源的国内供给能力。将化工余热用于发电或供热，将节约大量的煤炭资源。此外，钢铁、非金属、有色金属行业的余压余热发电也是循环经济的重点领域。

（二）煤基能化共轨系统

中国在新一代煤基能源化工创新的实践中顺应形势，不断探索、创新和发展，煤基能化共轨系统已基本上同时实现了煤炭作为化工原料的物质高效利用和能量的高效循环利用[①]（如图5-1所示）。煤炭作为中国的重要资源，在实现碳中和目标的大背景下，如果不再作为电力能源的主要原料，则将成为重要的工业原料，因此它的高效利用无疑具有十分重要的意义。

以龙岩煤基能化共轨绿色产品项目（年产25亿千瓦时电、200万吨热、50万吨海绵铁、10万吨清洁燃料）为例，其工艺流程如图5-2所示。

---

① 对煤基能化共轨的介绍引自方德巍先生。方先生于2021年8月9日逝世，生前曾为化工部（1998年撤销后成为中国石油和化学工业联合会）的首席科学家，为中国的煤化工事业贡献了毕生的心血。方先生曾多次与作者讨论基于煤炭的能化共轨生产体系，希望这一体系能为中国的能源安全和能源转型做出贡献。

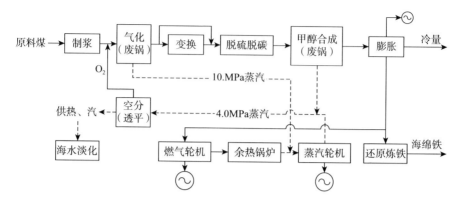

图 5-1　煤基能化共轨系统

资料来源：方德巍、郭新宇:《"能源供给侧革命"必将引领甲醇经济兴旺发展》，2018 年全球能源安全智库论坛。

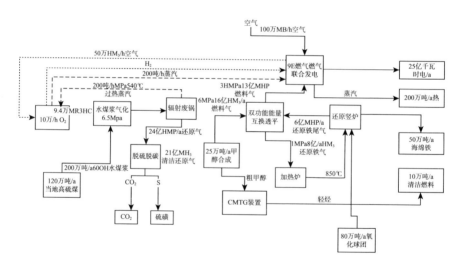

图 5-2　龙岩煤基能化共轨工艺流程

资料来源：方德巍、郭新宇:《"能源供给侧革命"必将引领甲醇经济兴旺发展》，2018 年全球能源安全智库论坛。

这一能化共轨技术路线的优势在于煤转化效率高。任何单项煤炭转化技术都会注重从原料煤到目标产品全过程煤炭利用效率的最大化。煤基能化共轨系统中包含了多个煤炭转化及深加工子系统，通过对多项煤炭转化及深加工技术的集成优化，可以使各单项技术取长补短，从而明显提高煤基能化共轨系统中从原料煤到各种目标产品全流程的整体效率。从表 5-1 中可以看出，龙岩煤基能化共轨绿色产品项目的煤转化效率超过 80%，比单产品效率增加 20%以上。

表 5-1 龙岩煤基能化共轨工艺的煤转化效率

环节	能源	实物量	基准热值	年总热值（10^4GJ/a）	备注
投入	原料煤	140·10^4t/a	24GJ/t	3360	实物收到基
产出	甲醇制稳定轻烃	10^5t/a	43GJ/t	430	
	海绵铁耗气	60000·10^4 Nm^3/a	0.0125GJ/Nm^3	750	
	供电	250000·10^4 kWh/a	0.0036GJ/kWh	900	按照《煤直接液化制油单位产品能源消耗限制额》（GB 30178—2013）规定的计算方法
	供汽	200	3.673	734	
	合计			2814	
综合能效				83.75%（外供蒸汽）61.90%（不外供蒸汽）	

资料来源：方德巍、郭新宇《"能源供给侧革命"必将引领甲醇经济兴旺发展》，2018年全球能源安全智库论坛。

龙岩煤基能化共轨绿色产品项目同时显示，其在提升煤转化效率的同时，可以使能耗降低 30%~45%（如表 5-2 所示）。

表 5-2 龙岩煤基能化共轨工艺的能耗降低情况

项目	单位	本项目能耗	单独项目能耗	能耗降低（%）
甲醇综合能耗	t 标煤 /t	1.1	1.7	35
IGCC 供电煤耗	kg/kWh	0.2	0.3	33
直接还原铁能耗	GJ/t	8.5	15	43

资料来源：方德巍、郭新宇：《"能源供给侧革命"必将引领甲醇经济兴旺发展》，2018年全球能源安全智库论坛。

煤化工在能化共轨产业技术体系下还可以进一步实现碳中和，即对削减后的二氧化碳进行捕集，之后与氢作用生产甲醇。

优化集成 ECPG 能化共轨技术中合成尾气还原制海绵铁工艺是世界钢铁产业实施支撑装备制造业精品战略的一项重要创新。气基还原炼铁在国际钢铁行业中以每年超过 12% 的增长率迅速发展，这对于振兴我国钢铁产业，调整结构，提供优质合金钢铸、锻胚料，振兴我国装备制造业具有重大作用。下一节，我们将讨论氢作为还原剂在工业部门，尤其是在钢铁行业中的应用。

二　氢能在工业部门的应用

氢能是近年来备受关注的新型能源。绿氢可以通过使用可再生能源电力或核能来生产，但其广泛应用则依赖于可再生能源发电成本的大幅下降；蓝氢可以由煤或天然气等化石燃料制得，并将二氧化碳副产品捕集、利用或封存，从而实现碳中和；灰氢可以由以焦炉煤气、氯碱尾气为代表的工业副产气制取，其可利用规模偏小，仅适合市场启蒙阶段使用。

（一）氢在工业部门降碳过程中的应用

氢能在碳中和目标中发挥作用的领域主要包括重工业、重型运输的脱碳以及电力系统灵活性方面。运用中国能源模型系统，对中国的氢能增长前景进行预测和计算，工业制氢（灰氢和蓝氢）现在每年有约 1900 万吨的产量。预计未来，绿氢，即使用绿色可再生能源电力生产的氢的产量在度过导入期之后（2028 年左右）将快速上升。到 2060 年，工业氢产量为 1500 万吨左右，绿氢产量将达到 3000 万吨左右；其中将有 55% 左右用于交通领域和备用电力，45% 左右用于钢铁生产（还原剂和燃料）。

氢能将在重工业实现零碳的过程中发挥重要作用。它可为水泥等许多工业原料的生产提供直接热源；它还可在直接还原铁技术中被用作还原剂，以生产零碳钢铁；此外，以氢气、一氧化碳和二氧化碳的混合物为原料，可以生产化工行业价值链中的几乎所有主要产品。基于可再生能源电解水制氢的 Power-to-X 技术可以作为化工行业脱碳方式的选择之一。

在钢铁部门的情景模拟中，我们假定到 2060 年氢作为还原剂和燃料替代目前高炉炼钢的煤炭和焦炭的比例为 25%，经过中国能源模型系统的计算，这一替代可以减少 1.5 亿吨的二氧化碳排放，相当于减少了我国总二氧化碳排放量的 6.5% 左右。同时，这一替代均可以减少大约 8000 万吨的煤炭使用和焦炭消费（如图 5-3 所示）。

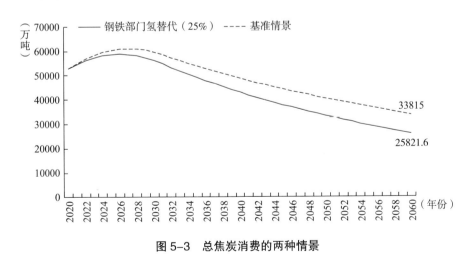

图 5-3　总焦炭消费的两种情景

（二）氢作为钢铁工业还原剂

钢铁行业是我国工业的支柱性产业，其产值约占全国 GDP 的

5%。2020 年全球粗钢产量为 18.64 亿吨，其中我国粗钢产量达到 10.53 亿吨，占比为 56.49%。2020 年，国内钢铁行业碳排放总量约为 18 亿吨，占全国碳排放总量的 15% 左右，占全球钢铁行业碳排放总量的 60% 以上。未来要实现我国的碳中和承诺，钢铁行业将面临严峻挑战，必须走零碳化的"绿色钢铁"道路。

目前钢铁行业以高炉 – 转炉长流程工艺为主，粗钢产能约占 90%，吨钢二氧化碳排放量处于较高水平（每吨钢排放二氧化碳 2.2 吨）。氢炼钢是推动钢铁行业碳中和目标实现的革命性技术。利用氢能高能量密度、电化学活性和还原剂的属性，在铁还原环节对煤、焦碳进行规模化替代，可以实现深度脱碳的目标。

长流程钢铁生产可以采用基于氢气的直接还原铁技术路线实现脱碳。如果氢气本身是以零碳方式生产的，如通过电解水制氢，或是通过将碳捕集与封存技术应用于甲烷蒸汽重整制氢或是煤化工制氢，那么用氢气直接还原铁即可帮助实现钢铁生产的零碳化（见图 5-4）。瑞典 SSAB 钢铁公司已经开始建设采用氢气直接还原铁的

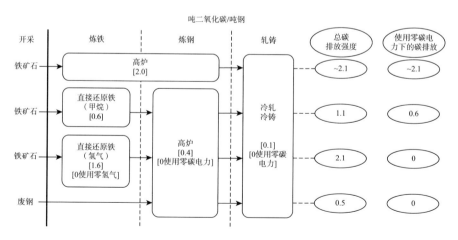

图 5-4　废钢回收利用和零碳电力支持下的直接还原铁技术

资料来源：落基山研究所。

试点工厂，并计划在 2040 年初实现零碳钢铁生产。德国 Salzgitter 钢铁公司也在进行类似的试点工程，全球最大的钢铁公司——安塞乐米塔尔（Arcelor Mittal）公司也在考虑这项技术。在中国，自 2019 年开始，宝武集团与中核集团及清华大学在炼钢用氢方面开展合作，并将与力拓（Rio Tinto）集团在低碳冶金创新方面开展合作。

（三）氢炼钢的成本分析 [①]

就不同炼钢方式的吨钢成本而言，与传统高炉相比，富氢还原高炉具有成本优势。在有充足焦炉煤气使用的情况下，现有高炉可采用喷吹焦炉煤气的方式节约焦炭使用量，降低成本。在不考虑设备的资本支出与固定运营成本的情况下，焦炉煤气直接还原铁工艺与高炉－转炉工艺成本基本相近。由于现阶段氢气成本较高，使得氢气气基竖炉炼钢成本明显高于高炉－转炉工艺。尽管现阶段氢气直接还原铁工艺的吨钢成本较高，但随着可再生能源发电成本的降低、氢应用规模的扩大以及我国碳税政策的完善，绿氢成本将逐渐具有竞争力。结合规模经济效应来看，2030 年以后，氢气直接还原铁工艺将逐步具备成本优势。

氢气的使用成本是制约氢炼钢发展的最重要因素。比较氢气直接还原铁和长流程高炉炼铁，如果只考虑氢气和焦炭的成本，可以得出氢炼钢的竞争性成本优势。生产一吨铁需用焦炭 340 千克，生产一吨铁需用氢气 89 千克（日本钢铁协会估算数值）。生产一

[①] 本节参考了张真（山东氢谷新能源技术研究院院长）的待发表论文《碳中和目标下的氢炼钢减碳经济性》。

吨铁所需焦炭成本为 680 元, 二氧化碳排放量为 1.25 吨。不征收碳税时, 只有当氢气成本为 7.65 元 / 千克时, 焦炭炼铁和氢炼铁成本才能相当。以焦炉煤气提纯后的氢气成本为 15 元 / 千克进行计算, 生产一吨铁的成本为 1335 元, 只有相应碳税为 524 元 / 吨时, 两者成本才能持平。基于我国碳交易的发展及发达国家的实践, 预计到 2030 年, 我国碳税为 200~250 元 / 吨, 那么氢炼钢在 930~993 元 / 吨时可具有成本优势, 由此计算出氢炼钢在氢成本小于 10.45~11.15 元 / 千克时, 成本优势显现（见表 5–3）。

表 5–3　焦炭与氢炼钢方式的成本

指标	焦炭	氢气[①]	氢气[②]	绿氢（2030 年）
吨铁消耗量（千克 / 吨铁）	340	89	89	89
原料单价（元 / 吨）	2000	15000	7650	10450
碳排放量（吨二氧化碳 / 吨铁）	1.25	0	0	0
碳税（元 / 吨二氧化碳）	0	524	0	200
总价（元 / 吨铁）	680	1335	680	930

注：①氢气来源于焦炉煤气制氢；②假设氢炼铁与焦炭炼铁成本相当。

氢炼钢的成本竞争力基于绿氢成本的下降和二氧化碳价格的上涨。我们计算了不同碳税下氢炼钢具有竞争性成本优势的氢价格及对应的电力价格。如图 5–5 所示, 随着碳税的提高, 氢炼钢成本对氢的价格包容度越高。以 2030 年氢气成本为 11.15 元 / 千克, 每电解生成一立方米氢气需要 4.5 千瓦时电, 电力成本占总成本的 70% 进行推算, 电力成本为 0.154 元 / 千瓦时, 电解氢直接还原铁具有价格竞争力。当所需的低电价在具有充足低成本可再生能源的某些地区实现时, 钢铁行业即逐渐从传统的焦炭高炉炼铁转向氢炼钢。

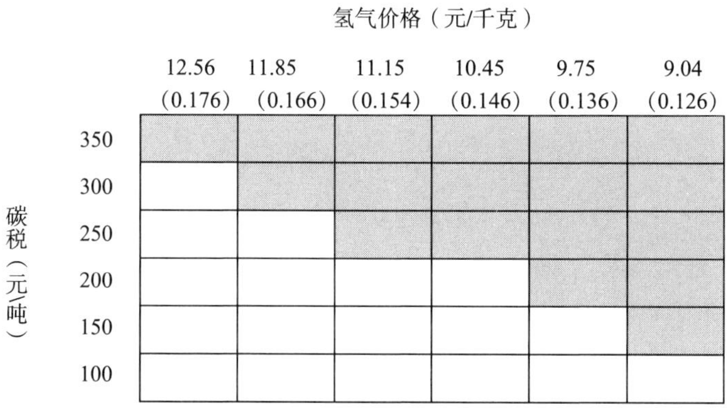

氢气价格（元/千克）

	12.56 (0.176)	11.85 (0.166)	11.15 (0.154)	10.45 (0.146)	9.75 (0.136)	9.04 (0.126)
350	■	■	■	■	■	■
300		■	■	■	■	■
250			■	■	■	■
200					■	■
150						■
100						

碳税（元/吨）

图 5-5 氢炼钢的竞争性成本优势分析

注：灰色表示氢炼钢具有成本优势；白色表示传统炼钢具有成本优势；括号内为对应的电力价格，单位为元／千瓦时。

121

第六章　碳交易体系与基于自然过程的碳汇

当前我国仍处在工业化和城镇化快速发展时期，尽管在绿色发展和生态文明建设方面取得了重大进展，但生态形势仍较严峻，高碳排放的产业和能源结构没有根本改变，我国仍然是全球最大的碳排放国。应对全球气候变化的责任重大，实现"双碳"目标任务艰巨。建立碳交易市场体系是以经济手段推动实现碳中和及相关技术创新的一种有效方式。

一　国际碳交易市场体系

（一）清洁发展机制

碳交易市场机制主要有三种，即清洁发展机制（CDM）、联合履行机制（JI）和排放交易机制（ET）。这三种机制都允许《联合国气候变化框架公约》缔约国之间进行减排单位的转让或获得，但具体的规则与作用有所不同。清洁发展机制的主要内容是发达国家通过提供资金和技术的方式，与发展中国家开展项目级合作，以项目所实现的"核证减排量"完成发达国家缔约方在《京都议定书》第三条下的承诺；联合履行机制是指发达国家之间通过项目级合作所实现的减排单位，可以转让给其他发达国家缔约方，但是同时必须在转让方的排放"分配数量"配额上扣减相应的额度；排放交易机制是指如果一个发达国家超额完成了减排指标，那么超额完成的部分可以以贸易方式转让给另一未完成减排指标的发达国家，并同时在转让方的允许排放限额上扣减相应的额度。所谓的自愿碳减排，是相对于强制碳减排而言的；在没有定量碳减排任务约束的情况下，如果碳减排主体自愿主动地开展碳减排行动，那就是自愿碳减排。自愿碳减排交易是指由不受《京都议定书》约束的企业或个人，自发性出资购买减排项目产生的碳减排量，用于抵偿其产生的碳足迹，缓解造成的温室效应。[①]

　　清洁发展机制是《京都议定书》中引入的灵活履约机制之一。清洁发展机制的核心内容是允许《京都议定书》缔约方（即发达国家）与非缔约方（即发展中国家）进行项目级的减排量抵消额的转让与获得，从而在发展中国家实施温室气体减排项目。根据《京都议定书》第12章的定义，清洁发展机制主要着眼于两个目标：一是帮助非缔约方实现可持续发展，为实现最终目标做出应

---

① 周海兵：《发展自愿碳减排交易市场的对策研究》，《重庆行政（公共论坛）》2012年第5期。

有贡献；二是帮助缔约方和非缔约方进行项目级的减排量抵消额的转让与获得。该机制规定，在非缔约方因实施项目限制或减少温室气体排放而得到的减排单元，经过缔约方大会指定的经营实体的认证后，可以转让给来自缔约方的投资者，如政府或企业。一部分从认证项目活动中得到的收益将用于支付管理费用，另一部分收益用于支持那些对气候变化的负面效应特别敏感的发展中国家。

清洁发展机制允许承担减排义务的发达国家通过在发展中国家投资减排项目，获得"核证减排量"以完成减排任务；同时发展中国家出售核证减排量获得碳交易收入。从这个角度讲，清洁发展机制实现了合作双方的共赢。清洁发展机制作为最具代表性的合作减排机制，是企业发展清洁生产、参与碳交易市场的重要途径。该机制自诞生以来，在经历了 2008~2012 年的快速发展之后，逐渐暴露出后劲乏力的问题。CDM 项目前期在国内的迅速发展主要依赖于政府的政策引导，多数企业开发 CDM 项目或是迫于政策压力，或是为获取专项补贴，真正积极主动参与的并不多，这就导致随着《京都议定书》的到期和政策引导力的减弱，企业对 CDM 项目的参与度大幅降低。由此可见，仅仅依靠政府的强制力去推广合作减排机制是难以为继的，推动趋势性的绿色清洁生产必须能够真正调动企业的积极性和主动性。而调动企业积极性和主动性最有效的方法就是加深企业对清洁发展机制的认识，揭示 CDM 项目除环境绩效以外的潜在商业价值。事实上，清洁发展机制的实际价值并不仅仅局限于减少温室气体的排放，它在帮助企业创造环境绩效、获得碳交易收入的同时，还可以带来巨大的附加价值。这些附加价值可能体现在两方面：一是对企业出口业务的推动；二提高企业的生产效率。[①]

（二）相关标准

CERs

核证减排量（Certified Emission Reductions，CERs）是指从一个被批准的 CDM 项目中得到的，经过对一吨碳的收集、测量、认证、签发所得到的减排指标。核证减排量是基于清洁发展机制的国际合作项目所产生的减碳当量，是用于强制性减排交易的标的。

CCER

国家核证自愿减排量（China Certified Emission Reduction，CCER）是指对我国境内特定项目的温室气体减排效果进行量化核证，并在国家温室气体自愿减排交易注册登记系统中登记的温室气体减排量。

核证减排标准与自愿碳减排计划

核证减排标准（Verified Carbon Standard）是由气候组织（CG）、国际排放贸易协会（IETA）及世界经济论坛（WEF）于2005 年联合开发的，为自愿碳减排交易项目提供的一个全球性的质量保证标准。目前，自愿碳减排项目（以下简称 VCS 项目）由非营利的独立协会管理。按照最新的自愿碳标准（Voluntary Carbon Standard 2007），VCS 项目的自愿碳减排必须是真实的、企业额外的（非日常进行的运营活动）、可测算的、永久的（非临时的）、独立核实的和唯一的。

[①] 张雯、徐晓东：《清洁发展机制（CDM）对中国企业经营绩效影响的实证检验》，《经济与管理科学》2019 年第 8 期。

VCS 项目包括各种技术和措施，这些技术和措施可减少和消除温室气体排放。VCS 项目类型多样，既包括可再生能源项目（如风能项目），也包括土地利用项目（如改善森林管理项目）。

VCS 计划（即自愿碳减排计划）是世界上使用最广泛的自愿温室气体计划。近 1700 个经过认证的 VCS 项目总共减少或消除了超过 6.3 亿吨的碳和其他温室气体排放。

通过碳市场，项目主体可以通过在其他减少温室气体排放的项目所产生的碳信用额度来中和或抵消其排放量。当然，确保或核实这些项目产生的减排量是否真实十分重要，这是 VCS 计划的工作，以确保减排项目的可信度。

VCS 项目必须遵循自愿碳标准规定的所有规则和要求才能获得认证。所有 VCS 项目在获得认证前，均需要接受合格的独立第三方和 Verra 员工的桌面和现场审计。VCS 项目评估使用技术上健全的温室气体减排量化方法，并且针对不同的项目类型，有不同的评估方法和标准。VCS 注册系统是所有注册项目数据的中央存储库，跟踪所有 VCS 计划的生成、退出和取消情况。要注册 VCS 计划，项目必须证明自身已满足所有自愿碳标准和方法要求。

一旦项目获得认证，根据 VCS 计划的一套严格的规则和要求，项目开发商可以发出可交易的温室气体信用额度，我们称之为验证碳单位（VCUs）。其中，一个 VCUs 代表一吨的温室气体减排量或大气中的温室气体去除量。这些 VCUs 可以在公开市场上出售，由个人和公司购买，作为抵消自身温室气体排放的一种手段。随着时间的推移，这种交易的灵活性可以将融资渠道转向清洁、创新的企业和技术。

（三）纯自愿交易市场与芝加哥气候交易所

国际自愿减排市场通常分为两类：一类进入强制减排交易体系作抵消碳排放量用，如《京都议定书》下的清洁发展机制项目所产生的核证减排量交易；另一类进入自愿减排交易体系，经过特定认证标准的确认和核证，成为自愿减排信用（VER），为个人或企业抵消碳排放量用。除此之外，还有一种特殊的自愿减排交易体系，即美国芝加哥气候交易所（Chicago Climate Exchange，CCX）建立的自愿但具有一定约束力的减排交易体系，其特点是自愿加入、强制减排。该市场的标的与上述两类市场不同，为其独立开发的碳金融工具（CFI），而其他两类市场的标的均是自愿减排信用。

在自愿减排交易体系中，自愿减排信用的形成绝大多数需要依靠第三方的标准认证，因此认证标准在自愿碳抵消价值链中极为关键。目前运用较多的认证标准包括：核证减排标准、气候行动储备标准、芝加哥气候交易所抵消项目标准、黄金标准[1]（见表6-1）。

表6-1　国际主要自愿减排交易体系标准

标准	接受的项目类型
黄金标准	可再生能源（包括甲烷发电项目）、改善终端能效项目、小于15兆瓦的水力发电项目
核证减排标准	减少温室气体项目，不包括为了实现商业效益的减排项目（如新的HCFC-22项目）
芝加哥气候交易所抵消项目标准	可再生能源项目、能效项目、HFC-23项目中除新的HCFC-22项目、甲烷捕集与分解、林业碳汇项目（包括REDD+）、农业实践
气候行动储备标准	甲烷捕集与分解（畜牧业、土地填埋）、LULUCF（森林保护、城区植树）

---

[1] 《国际碳配额与抵消市场的运行与发展》，碳排放交易网，http://www.tanpaifang.com/tanzhibiao/201508/0546380_4.html，2015年8月5日。

2003 年，芝加哥气候交易所宣告成立，这是全球第一个提供自愿碳减排交易的市场交易平台。

1. 发展历程

2000 年美国开始创建芝加哥气候交易所，并于 2003 年正式以会员制运营，包括美国电力公司、杜邦、福特、摩托罗拉等在内的 13 家公司是其创始会员，目前会员达 450 多家，涉及航空、电力、环境、汽车、交通等数十个不同行业。芝加哥气候交易所的会员必须做出自愿但具有法律约束力的减排承诺。芝加哥气候交易所会员的减排分为两个承诺期。第一个承诺期为 2003~2006 年，要求所有会员在基准线排放水平（1998~2001 年平均排放量）上实现每年减排 1% 的目标，即 2006 年的排放量要比基准线降低 4%。实际上，在第一个承诺期，芝加哥气候交易所所有会员共减排了大约 5340 万吨二氧化碳。第二个承诺期为 2007~2010 年，要求所有会员的排放量比基准线排放水平（新会员为 2000 年的排放量）降低 6% 以上。芝加哥气候交易所交易的商品称为碳金融工具（Carbon Financial Instrument，CFI），每一单位 CFI 代表 100 吨二氧化碳。芝加哥气候交易所根据会员的排放基准线和减排时间表签发减排配额，如果会员的减排量超出了自身的减排配额，则可以将超出部分在市场中交易或储存，如果会员没有达到自身承诺的减排配额，则需要在市场上购买 CFI；同时，芝加哥气候交易所也接受其他项目的减排量在其市场上进行交易。芝加哥气候交易所是美国目前唯一认可清洁发展机制项目的交易体系。由于芝加哥气候交易所市场上的 CFI 价格远远低于欧洲碳市场的价格，因此实际上很难发生跨区域的交易 [①] 。

2004 年，芝加哥气候交易所出台的《芝加哥协议》对芝加哥气候交易所的详细信息进行了编纂，使其对于私营部门而言相当于一部有效的法律。该协议的重要意义可以归结为以下几点：一是使跨部门组织在减排的自愿性承诺上能够达成一致，并以市场化为导向开展减排项目；二是芝加哥气候交易所提供了一个成本效益机制，实现了价格发现和挖掘、传播市场数据等功能；三是构建了一个能奖励技术和管理创新，同时鼓励农业和林业可持续发展的市场结构。最终，该协议部分被编入《2009 年美国清洁能源与安全法案》。

由于美国并非《京都议定书》的缔约方，因此其境内的企业无须承担任何强制性的减排义务，而芝加哥气候交易所作为全球首个自愿型碳排放权交易试点市场，在缺乏有效的法律约束下，参与企业必须自愿承诺减少温室气体排放。

在监管上，芝加哥气候交易所内设独立董事，同时引入第三方监管机构，独立对会员单位排放量进行监测和审计，并防止市场操纵行为的发生。因为芝加哥气候交易所免受美国商品期货交易委员会（CFTC）的监管，因此，芝加哥气候交易所选择了美国金融业监管局作为第三方监管机构，协助交易所做好会员注册、市场监管以及履约程序方面的工作，同时提供便利化的碳抵消额度的核查和核证程序。

---

① 《美国碳市场》，碳排放交易网，http://www.tanpaifang.com/tanguwen/2016/0301/509814.html，2016 年 3 月 1 日。

芝加哥气候交易所的电子交易平台由外部供应商美国洲际交易所（ICE）提供，这主要是基于成本上的考虑。交易所创建之初，如果要建立自有的交易平台必定会耗费大量的人力和财力，而美国洲际交易所本身就是一家技术型公司，同时也是各交易所的运营服务商，因此，芝加哥气候交易所最终选择美国洲际交易所作为其电子交易平台的供应商。

经过三年多的筹备，芝加哥交易所于 2003 年 12 月 12 日正式对外运营。第一笔交易完成于当日的美国中部时间上午 9 时 02 分，2005 年配额以 0.95 美元/吨的价格成交，买方和卖方分别是贸易通公司和斯道拉恩索公司。由于缺乏流动性，成立初期的交易并不活跃，有时甚至没有交易。随后芝加哥气候交易所通过上市融资扩大规模、引进人才队伍、吸引更多的会员加入等方式，使交易所不断成长壮大。到 2005 年中期，碳价格快速上涨并突破 2 美元/吨，抵消项目从 2004 年注册时的 12600 吨上升到 311000 吨，交易所的会员也从 43 家增长到 88 家；到 2008 年，碳价格攀升至 7.4 美元/吨的峰值，会员数量也增加至 328 家，芝加哥气候交易所迎来了它的历史巅峰，随后迎接它的便是无声的衰落，2008 年也因此成为转折点。

尽管交易所不断向政策制定者宣讲，推动将总量控制下的排放权交易立法纳入美国国会的考虑范围，但是事与愿违。2009 年美国白宫发布的当年预算中，政府部门将配额拍卖所得款项纳入 6700 亿美元的收入预算范围，这意味着总量控制下的排放权交易彻底从"酸雨计划"中分离出来，而基于减排目标免费分配的配额数量将不断减少。随后参议员哈里·雷德宣布将配额拍卖的收入用于奥巴马医疗改革法案，这使得"总量控制下的排放权交易"让位于"问题控制与碳税"。2009年11月，黑客窃取东英吉利大学科学家的电子邮件和相关数据并在互联网上发布，爆发了著名的"气候门事件"，科学家的正义性遭到质疑，公众对总量控制下的排放权交易的反对之声越来越多。2009年底，奥巴马参加了"哥本哈根协议"的谈判，但无疾而终。此时，芝加哥气候交易所的碳价格猛跌至0.01美元/吨。

美国气候变化立法的"难产"不仅使排放交易遭受了巨大打击，也使芝加哥气候交易所遭受重创。区域性的排放交易仍在激增，但没有法制体系为其保驾护航，反而是"命令与控制"的手段（如碳税和补贴等）成了主流，那么芝加哥气候交易所的存在也就变得可有可无了。目前，芝加哥气候交易所已陷入困境，自愿交易难以为继，近年来已经开始出现交易减少和企业退出市场的现象。曾经，芝加哥气候交易所是用市场机制方式解决气候变化的典范，但目前芝加哥气候交易所连续数月只有少量的现货成交，其碳限额交易已经名存实亡①。

2. 会员制运营

会员制运营的最大特色是具有自主承担额度及自主减排意愿。注册会员的减排承诺是基于自愿基础上做出的，承诺一经做出便具有强制约束力。此外，具体的减排计划亦由注册会员根据自身情况自愿提交。如果该会员当年的实际温室气体排放量低于其承诺排放

---

① 《建投碳学·芝加哥气候交易所的兴衰给我们的启示》，碳道网，http://www.ideacarbon.org/news_free/54099/，2021年2月8日。

量，即减排超出了其在注册时承诺的减排额度，那么它可以将溢出额度在市场上出售以收取利润，或存入自己的账户之中；若该会员的当年减排量低于其之前承诺的减排额度，则必须在市场上购买碳金融工具来完成其承诺的减排额度，否则将违约。

3. 交易模式

芝加哥气候交易所有两种主要的交易模式：限额交易和补偿交易。限额交易是最常见的交易模式，这一模式将会员1998~2001年的二氧化碳排放作为基准，分两个阶段对会员设定减排目标。第一阶段是2003~2006年，全部的注册会员每年需要减排达到0.1%，从宏观上将实际减排量控制在基准的4%以内。第二阶段为2007~2010年，在此阶段内，针对加入时间不同的注册会员设计了阶梯式的差额规定：第一阶段加入的注册会员，其每年减排目标为0.25%，将宏观减排总量控制在6%之内；但第二阶段加入的注册会员，其每年的减排额度为1.5%。

补偿交易即政府通过福利性补贴的方式推进相关部门参与温室气体减排。其主要交易流程为：会员首先需要在交易平台上注册交易身份，交易过程中如果有减排额且能够向芝加哥气候交易所提供相应的证据文档，即可以享受合法的福利性补贴，在平台上可继续进行温室气体减排交易。

除以上介绍的限额交易和补偿交易之外，芝加哥气候交易所还可以在其他具体碳减排制度或经济模式下进行等价转换交易，这为在联邦层面上的综合性减排与减排混合政策工具的设计提供了极大可能。

4. 交易系统

芝加哥气候交易所的交易基本通过其独立的交易系统完成，系统的构成与流程有以下三个主要环节。

（1）注册系统。这个系统主要由云端数据库构成，其中记录了注册会员的合约业务，为碳金融工具提供原始注册人记录的服务。参与碳排放权交易的所有会员必须都在该系统内注册，并通过自己的账户进行交易和管理。

（2）交易平台。交易平台是将所有注册账户通过网络互连，执行注册会员之间的交易，并在交易结束后即时确认、保存并公开交易成果。根据芝加哥气候交易所的交易规定，超额完成减排任务的注册会员可以出售其超出的减排额度以获得利润，未能达到减排额度的注册会员可以通过购买其他会员出售的减排额度来完成目标，或通过农业碳汇等途径来达到预计的减排目标。为避免某些会员长期通过购买减排额度的方式逃避责任，芝加哥气候交易所对注册会员所能购买的碳汇总量的比例进行了限制，规定碳汇购买的最大数量不能高于其减排所需目标量的一半，这也是为了保证总体减排效果的平衡。

（3）结算平台。芝加哥气候交易所每天的交易量极大，因此需要专门的结算平台对当天的全部数据和交易量进行统计，同时该结算平台和会员注册的户籍系统相连接，使会员可以通过该平台直观地获得当日内碳金融工具的交易流程与走向。同时芝加哥气候交易所规定，在交易平台上运行的全部交易必须由该结算平台进行统计与结算。

二　欧盟碳排放定价体系与碳交易体系

欧盟是最早对碳排放定价并开启市场化交易的世界主要经济

体，其碳排放定价机制起步早、体系完善，主要包括：欧盟碳排放交易体系（European Union Emission Trading System，EU ETS）、欧盟碳税和欧盟碳边境税。

欧洲碳市场，即欧盟碳排放交易体系成立于 2005 年，是全球最大的碳排放交易市场，在 31 个国家运行。根据路孚特碳市场年度回顾，2019 年欧洲碳市场的交易量为 67.77 亿吨，占世界交易总量的 77.6%，交易额达 1689.66 亿欧元，占世界交易总额的 87.2%。

2021 年 3 月 10 日，欧盟议会通过了碳边境调节机制，预计该机制将于 2023 年正式实施。届时，欧盟将对所有来自非欧盟碳排放交易体系国家的商品征收进口碳税，或要求进口商购买碳排放配额。欧盟碳边境税的落地将避免欧盟企业因为碳交易导致的商品价格竞争力下降问题，同时也将加速全球碳中和的进程。

（一）欧盟碳排放交易体系的发展

欧盟碳排放交易体系自 2005 年启动以来，已历经三个阶段，并于 2021 年正式进入第四阶段。整体看，前两个阶段处于经验探索期，采用了较高的配额无偿分配比例（90% 以上），且在配额分配方面采用历史法，对企业约束较小。处于第三阶段的 2020 年，欧盟总体有约 60% 的配额是通过拍卖发放的，而免费配额占比仅有 40%。发电行业自 2013 年起就几乎没有免费配额，碳交易价格对成本的影响更加直接。2021 年正式开始的第四阶段要求碳排放量呈每年 2% 的线性下降趋势，因此，更大比例的碳排放配额将被用于拍卖，碳交易市场规模将随之扩大，并借助不断提高的碳交易价格促进和推动碳减排（见表 6-2）。

表 6-2　欧盟碳排放交易体系的四个阶段

内容	第一阶段 （2005~2007 年）	第二阶段 （2008~2012 年）	第三阶段 （2013~2020 年）	第四阶段 （2021 年—）
温室气体减排目标	试运行，按照《京都议定书》第一承诺期减排要求，在 1990 年的基础上减少 8% 的温室气体排放	根据《京都议定书》的承诺期，在 1990 年的基础上减少 8% 的温室气体排放	到 2020 年，在 1990 年的基础上减少 20% 的温室气体排放	到 2030 年，在 1990 年的基础上减少 40% 的温室气体排放
覆盖地理范围	欧盟 28 个成员国	欧盟 28 个成员国、挪威、冰岛和列支敦士登	欧盟 28 个成员国、挪威、冰岛和列支敦士登	
覆盖行业	20 兆瓦以上电厂、炼油、炼焦、钢铁、水泥、玻璃、石灰、制砖、制陶、造纸	增加航空业	增加制铝、石油化工、制氨、硝酸、乙二酸、乙醛酸生产、碳捕集、管线输送、二氧化碳地下储存、航空业	
覆盖温室气体范围	CO_2	CO_2，选择性加入 N_2O	CO_2、N_2O，铝生产过程中产生的 PFC	
总量控制	20.58 亿吨 CO_2，约占欧洲排放总量的 44%	18.59 亿吨 CO_2	2013 年为 20.84 亿吨 CO_2，之后每年线性减少 1.74%	每年线性减少 2.2%
配额分配方法	成员国自下而上提出总量控制目标，以"祖父法"（依据企业历史排放水平）免费发放配额；成员国最多拍卖配额的 10%，预留 5% 的配额给新进成员免费分配，配额分配完毕后由政府代购	欧盟委员会统一制定配额分配方案。电力行业 100% 拍卖；工业企业 2013 年免费发放 80%，拍卖 20%，之后每年免费发放的比例逐年减少，直到 2030 年免费发放的配额下降到 30%。免费部分主要依据"基准线法"核定		

续表

内容	第一阶段 （2005~2007 年）	第二阶段 （2008~2012 年）	第三阶段 （2013~2020 年）	第四阶段 （2021 年—）
碳金融基础产品	EUA	EUA 抵消信用：CERs 和 ERUs（其中抵消信用不包括林业碳汇和大型水电）	EUA 抵消信用：CERs 和 ERUs（其中抵消信用不包括林业碳汇、HFC、N$_2$O 和大型水电；另外，2012 年以后注册的 CERs 必须来自最不发达国家）	

资料来源：https://europa.eu。

欧盟碳排放交易体系成立以来，交易覆盖范围逐步扩展，从最初的电力及能源密集型行业，逐步扩展至航空业及钢铁水泥等特定产品；免费配额逐年下降，并且配额的分配方式由免费分配逐步过渡到拍卖；市场机制逐年完善，如引入 MSR 机制解决供过于求的问题。欧盟碳排放交易体系逐步完善其交易机制，通过公开交易的手段支持降碳减排。

按环节分类，欧盟碳排放交易体系可分为一级市场和二级市场两类。一级市场主要为"配额的创造"，由政府或监管当局将配额发放至市场，企业领取免费配额或购买有偿配额后，剩余配额进入二级市场进行标准化交易。二级市场的参与者主要是企业和金融机构。在二级市场进行交易的碳产品具有标准化、同质化的特征，如参与交易的对象都是用二氧化碳当量进行量化的配额，以及以配额为基础资产而设计的碳金融衍生品都有统一的标准化交易合约。

按交易产品分类，欧盟碳排放交易体系可以分为现货市场和衍生品市场两类。在现货市场中，减排企业在碳交易所根据现货价格进行场内交易，或在场外直接与交易对象进行买卖，不通过交易所或做市商等中介。场内交易中，碳交易所现货价格受一级市场中配额发放情况与供求关系、国家宏观经济政策、履约时点等多种因素影响。场外交易的价格通常由交易双方谈判决定，由于不在交易所中进行，场外交易较场内交易有较大的违约风险。在衍生品市场中，存在期货、期权、远期、互换、保理等产品，其中全球性的期货和期权产品主要有欧洲气候交易所的碳金融合约、排放指标期货、核证减排量期货、排放配额／指标期权等。

与现货相比，碳期货、碳远期等金融衍生品可以通过揭示市场对基础资产交易价格来降低碳价的波动，有利于减排企业通过对比碳价与自身减排成本，进行长期减排规划和预算的统筹。另外，由于远期、期货、期权等产品的交割日在未来，企业在交易日只需交付保证金，因此，碳金融衍生品的出现大幅降低了减排企业当下的资金占用量，进一步提升了碳交易市场的资金流动性，而充足的流动性又可以增强市场对外部冲击和风险的抵御能力。

（二）欧洲碳交易所的发展

欧洲各碳交易所各具特色，如欧洲能源交易所以现货交易为主，欧洲气候交易所以欧盟碳排放配额（European Union Allowance，EUA）期货交易为主，并且在各产品中，欧盟碳排放配额期货是交易最为活跃的品种。欧洲气候交易所是目前全球交易规模最大的碳交易所，也是碳交易最活跃、交易品种最丰富的碳交易所，2020年其成交额占全球碳交易所成交总金额的88%。碳金融产品的交易单位一般为吨二氧化碳当量或千吨二氧化碳当量，即排放1吨或

1000 吨二氧化碳当量的权利。

　　碳市场使欧盟国家的碳排放量呈现逐年显著下降趋势。欧盟碳排放交易体系对于欧洲碳排放总量的降低以及减排效率均有正向作用。理论上，碳价的走高代表着企业碳排放成本的上升，近年来欧盟碳市场上碳价的上升实际上倒逼企业加大减排力度（见图 6-1）。统计数据显示，包括电力、工业部门以及航空业等在内，在第二、三阶段，欧盟碳市场牵引着碳排放量分别以年均 2.9% 和 1.9% 的速度下降，2019 年欧盟碳排放量为 33.30 亿吨，与欧盟碳排放交易体系建立之初的 2005 年相比，下降了 20%。

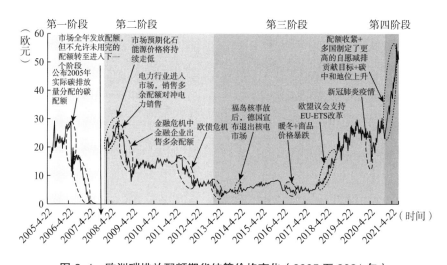

图 6-1　欧洲碳排放配额期货结算价格变化（2005 至 2021 年）
资料来源：国金证券研究所。

　　碳市场使欧盟能源结构不断优化。为应对欧盟碳排放交易体系的规则，欧盟企业被迫选择其他替代型能源维持生产，或者对现有技术进行改进以减少碳排放，欧盟的能源结构由此发生较大变化。根据 BP 能源报告，2009~2019 年，欧盟能源结构中，煤炭的产量下降了 31.4%，石油的产量下降了 27.9%，天然气的产量下降了 43.5%，而可再生能源的产量上升了 45.6%。风能、水能、光能、生物质能等可再生能源快速增长。欧盟的电力供应由此迅速向多样化清洁能源转变，可再生能源发电占比上升到 60%，超过煤炭和核能，成为最大的发电来源，电力部门成为欧洲最早脱碳的行业。

碳市场让欧洲的绿色能源投资走上可持续运行轨道。统计数据显示，2012~2020 年，欧盟仅通过在碳市场拍卖碳配额就获得了超过 570 亿欧元的收入，这些资金也被投入由欧盟资助的气候项目中。按照欧盟发布的《欧洲绿色协议投资计划》，未来 10 年内还要动员至少 1 万亿欧元的可持续投资进入碳中和和绿色经济领域。

三　中国碳交易体系

碳交易即温室气体排放权交易，指一方凭购买合同向另一方支付费用以获得既定量的温室气体排放权的行为。碳交易市场体系是支持碳交易的一系列政策、准则和方法。

目前，我国碳交易市场主要由碳配额、国家核证自愿减排量（CCER）、金融工具三部分组成，碳交易体系以碳配额为核心，CCER 为辅助。

（一）碳配额

碳配额即碳排放权的配额，是我国目前最重要的碳交易产品，主要运用在火电相关的企业中。预计到 2025 年，电力、石化、化工、建材、钢铁、有色、造纸、电力、航空等重点排放行业将全部进入碳配额交易体系。

碳配额由生态环境部按照各省级环境厅上报的区域内重点排放单位数量，结合当年的排放总量控制和阶段性目标，经国务院批准之后，根据各级政府制定某行业温室气体排放的总量上限，以许可证的形式授权或出售给企业。在规定期限内，如果企业排放量超出许可证的上限，就必须在碳交易市场上购买排放配额；如果企业排放量低于上限，则可以在市场上出售多余的排放配额。

《碳排放权交易管理办法（试行）》规定，全国碳排放权交易市场的交易主体是"机构和个人"，因此尚不存在行政区划之间的碳配额交易。碳配额交易市场通过设定碳排放价格，用利益调节机制促使企业增强减排的内在动力，同时推动投资者向清洁低碳产业进行投资，最终达成控制碳排放总量的目的（见图6-2）。

图6-2　碳配额交易示意图

全国碳排放权交易市场（China Carbon Emission Trade Exchange，CCETE）是碳配额交易的场所。自2011年，北京、天津、上海等地开展碳排放权交易试点工作，2021年7月16日，CCETE正式启动，交易中心设在上海，登记中心设在武汉，采用挂牌协议转让、大宗协议转让以及单向竞价三种方式进行交易。

（二）国家核证自愿减排量

国家核证自愿减排量（China Certified Emission Reduction，CCER）指对我国境内特定项目的温室气体减排效果进行量化核证，并在国家温室气体自愿减排交易注册登记系统中登记的温室气体减排量。2012 年,《温室气体自愿减排交易管理暂行办法》出台，明确备案核证后的 CCER 项目可参与碳交易。

企业通常通过采用新能源（水电、光伏、风电）以及林业碳汇等方式自愿减排或者净化温室气体。这种自愿减排量需要提前向国家发改委进行申报审批，经相关部门核验通过之后就获得了 CCER。CCER 可以在控排企业履约时用于抵消部分碳排放，这不仅可以适当降低企业的履约成本，同时也能给减排项目带来一定收益，促进企业由高碳生产转向低碳化发展（见图 6-3）。

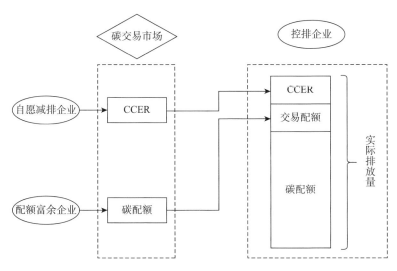

图 6-3　CCER 交易机理

CCER 构建了用减排效果明显、生态环境效益突出的项目所产生的减排信用额度抵消重点排放单位碳排放的通道。自 2012 年 CCER 项目开始参与碳交易后，至 2017 年 3 月，由于温室气体自愿减排交易量小、个别项目不够规范等问题，国家发改委暂缓 CCER 项目；直到 2020 年 12 月，《碳排放权交易管理办法（试行）》明确将 CCER 重新纳入碳交易市场。2021 年 3 月，生态环境部出台的《碳排放权交易管理暂行条例（草案修改稿）》指出，可再生能源、林业碳汇、甲烷利用三类项目可重启 CCER 核证。

可再生能源、林业碳汇、甲烷利用项目中，由可再生能源，即风能、太阳能、水能、生物质能、地热能、海洋能等供电或供热的项目，大约占 CCER 总开发量的 70%。

林业碳汇是根据植物碳汇功能开发的 CCER 项目。碳汇（Carbon Sink）是指通过植树造林、植被恢复等措施，吸收大气中的二氧化碳，从而减少温室气体在大气中的浓度，由此衍生出林业碳汇、草原碳汇、海洋碳汇等形式。

现存与林业相关的 CCER 方法学有 5 个（见表 6-3），其中使用最多的是碳汇造林项目方法学，超过总使用次数的 60%。值得注意的是，在 2012~2017 年的 CCER 项目中，碳汇项目仅占所有项目的 3%，这与碳汇项目的开发技术复杂和开发周期长密切相关（见表 6-4）。

表 6-3　与林业相关的 CCER 方法学

方法学编号	方法学名称	典型项目	项目状态
AR-CM-001-V01	碳汇造林项目方法学	广东长隆碳汇造林项目	减排量备案

方法学编号	方法学名称	典型项目	项目状态
AR-CM-002-V01	竹子造林碳汇项目方法学	湖北省通山县竹子造林碳汇项目	项目备案
AR-CM-003-V01	森林经营碳汇项目方法学	塞罕坝机械林场经营碳汇项目	项目备案
AR-CM-004-V01	可持续草地管理温室气体减排计量与监测方法学	—	—
AR-CM-005-V01	竹林经营碳汇项目方法学	浙江省安吉县竹林经营碳汇项目	审定

资料来源:《碳配额、碳汇、碳金融分不清？一文带你读懂中国碳交易体系》，内蒙古电力网，http://222.74.213.232:8085/nmgsite/nmgjdxw/5968.jhtml，2021年8月26日。

表6-4 林业碳汇项目开发要求

内容	碳汇造林项目	竹子造林碳汇项目	森林经营碳汇项目	竹林经营碳汇项目
方法学编号	AR-CM-001-V01	AR-CM-002-V01	AR-CM-003-V01	AR-CM-005-V01
发布时间	2005年2月16日	—	—	2005年2月16日
土地性质	不属于湿地和有机土壤	不属于湿地	矿质土壤	不属于湿地和有机土壤
土地合格性	造林地权属清晰，具有县级以上人民政府核发的土地权属证书	—	—	—
土地类型	无林地	—	人工幼、中林	
土壤扰动	符合水土保持要求；土壤扰动面积不超过地表面积的10%，且20年内不重复扰动	符合水土保持要求；草地、林地的土壤扰动面积不超过地表面积的10%	符合水土保持要求；土壤扰动面积不超过地表面积的10%，且20年内不重复扰动	符合水土保持要求
原有林木处理方式	禁止烧除	不清除	禁止烧除	不清除
枯木处理	不移除地表枯落物，不移除树根、枯死木及采伐剩余物	不清除原有的数生林木	除改善卫生状况外，不移除枯死木和地表枯落物	不移除枯落物

资料来源：中国自愿减排交易信息平台，化宝证券研究创新部。

2017 年 3 月国家发改委发布公告暂停 CCER 项目和减排量备案申请，截至 CCER 恢复备案前，经公示审定的温室气体自愿减排项目已经累计达 2871 个，备案项目 1047 个，实际减排量备案项目约 400 个，备案减排量约 7200 万吨二氧化碳当量。从项目类型看，风电、光伏、农村户用沼气、水电等项目较多。

据中创碳投统计，截至 2020 年 12 月 31 日，全国 CCER 累计成交 2.68 亿吨，其中上海 CCER 累计成交量持续领跑，超过 1 亿吨，占比为 41%；广东排名第二，占比为 20%；北京、深圳、四川、福建和天津的 CCER 累计成交量在 1000 万 ~3000 万吨，占比均在 4%~10%；湖北市场交易不足 1000 万吨，重庆市场暂无成交。截至 2020 年 8 月底，9 家自愿减排交易机构 CCER 累计成交量超 2 亿吨，成交额超 20 亿元，市场活跃度保持在较高水平。2020 年 3 月，国际民航组织（ICAO）批准 CCER 成为国际航空碳抵消与减排机制（CORSIA）认可的减排项目体系，这意味着 CCER 有望成为该市场机制下的重要抵消选择，为我国减排成果的国际转移提供了新渠道。

专栏　我国首船全生命周期碳中和石油获得认证

2021 年 9 月 22 日，中国石化、中远海运、中国东航在沪联合举办我国首船全生命周期碳中和石油认证仪式，上海环境能源交易所分别向三家企业颁发我国首张碳中和石油认证书。据悉，此次三家企业发挥各自优势，共建"绿色交通新模式"的创新实践，探索了一条跨行业、全周期、零排放的路径，对

我国交通能源领域推动"双碳"目标落地具有里程碑意义。

据介绍，该碳中和石油项目的原油是产自中国石化集团国际石油勘探开发公司在安哥拉的份额油，由联合石化公司负责进口，中远海运作为承运方，行程9300余海里，跨越大西洋、印度洋、太平洋，运抵我国舟山港，经过二程船运输，3万吨原油在高桥石化进行炼制，共生产8963吨车用汽油、2276吨车用柴油、5417吨航空煤油，以及2786吨液化石油气、6502吨船用柴油、2998吨低硫船用燃料油。中国石化将于今年在特定加油站正式向社会推出碳中和汽油、碳中和柴油。同时，中国石化将向中国东航供应航煤5417吨，携手中国东航打造碳中和航班。

为抵消本次石油全生命周期的碳排放，中国石化、中远海运、中国东航积极实施节能减排策略及购买国家核证自愿减排量（CCER），并聘请了上海环境能源交易所作为碳中和认证机构。本次购买的减排项目主要包括：江西丰林碳汇造林项目、大理州宾川县干塘子并网光伏电站项目、两岸新能源合作海南航天50兆瓦光伏项目、黑龙江密山林场（柳毛）风电厂项目、贵州省三都水族自治县农村沼气利用项目、湖北省枣阳市农村户用沼气项目、国能赤峰生物质发电项目等。这在资助边远地区发展农林种植业、开发低碳绿色能源以及脱贫的同时，实现了完整意义上的我国首船碳中和石油。

据了解，项目邀请中国船级社质量认证公司作为第三方核查机构，从石油开采、运输、储存、炼制到产品消费等各环节，精准测算全生命周期所产生的二氧化碳，然后进行同等当量的中和。三家合作单位发挥各自优势，其中，中国石化承担了本次原油开采、储存、加工、石油产品运输以及车用汽油、车用柴油、液化石油气燃烧的碳排放抵消责任；中远海运承担了原油运输和船用燃料油燃烧的碳排放抵消责任；中国东航承担了航空煤油燃烧的碳排放抵消责任。

资料来源：《我国首船全生命周期碳中和石油获得认证》，人民网，http://sh.people.com.cn/GB/176737/n2/2021/0922/c134768-34925384.html，2021 年 9 月 22 日。

（三）金融工具

目前我国碳交易的金融工具尚在萌芽期。在碳现货商品交易日趋完善的情况下，市场型金融工具将有更大的发展空间。发展排放权质押、碳期货、碳期权以及挂钩排放权的结构性金融产品将是全国碳交易市场的重点建设工作之一，能够推动碳交易市场的多样化并提高稳定性。

福建省三明市于 2021 年 5 月出台《三明市林业碳票管理办法（试行）》。碳票就是林地、林木的碳减排量收益权的凭证，相当于树林的固碳释氧功能可以作为资产进行交易的"身份证"，与林业碳汇的底层机制相同。三明碳票的创新，一是其具备质押、流转功能，购置碳票的企业可以将碳票抵押贷款，进一步盘活碳资产；二是其拓宽了碳汇的适应性，根据现有的林业碳汇项目方法学，生态公益林、天然林、重点区位商品林等都不能开发林业碳汇项目，但在三明，只要是权属清晰的林地、林木都可以申请碳票。因此，三明碳票通过赋予林业碳汇一定的金融功能，进一步增强了林业碳汇市场的流动性和活力。

我国碳交易市场体系的碳配额、国家核证自愿减排量（CCER）、金融工具都在摸索发展。与欧盟成熟的碳交易市场相比，我国碳交易市场建设起步晚，金融化程度和市场参与度不足，规模小且交易品种少，政策配套体系不够完善，仍处于初步发展阶段，还需要在合理设计碳交易市场管理模式、大力培育碳交易市场的供需、完善相关法律法规及配套政策、加强碳交易市场的国际合作等层面给予政策支持和市场保障，使其不断发展并逐步成熟。

四　基于自然的解决方案与林业碳汇项目

自然生态系统是最大的碳循环过程，其固碳作用对中和碳排放贡献巨大。自然碳汇的形成过程，不仅能够帮助实现碳中和，而且将大幅改善我国的生态环境，是未来我国应对气候变化，实现碳达峰、碳中和的最有效途径之一。

（一）基于自然的解决方案

联合国环境规划署在一份报告中指出，控制碳排放的最佳方法是"自然碳汇"。据统计，全球大洋每年从大气中吸收二氧化碳约 20 亿吨，占全球每年二氧化碳排放量的 1/5 左右；滨海湿地作为重要的海岸带蓝碳生态系统，每平方公里的年碳埋藏量预计可达 2.2 亿吨；林木每生长 1 立方米，平均吸收 1.83 吨二氧化碳，但其成本仅是技术减排的 20%；草地是全球陆地生态系统分布面积最广的类型之一，按照天然草地每公顷可固碳 1.5 吨 / 年计算，我国的草地资源每年总固碳量约为 6 亿吨；长江、珠江、黄河三大河流每年固定的二氧化碳也有 0.57 亿吨左右；我国岩溶作用每年可回收大气中的二氧化碳 0.51 亿吨；依托土地综合整治等手段可实现农田减排增汇，促进农业降低净碳排放。据统计，到 2030 年，我国农业最大技术减排潜力约为每年 6.67 亿吨二氧化碳[1]。

基于自然的解决方案（Nature-based Solutions，NbS）通过对自然和人工生态系统开展保护、修复和可持续管理，在应对多种社会挑战的同时，提升人类福祉和生物多样性。NbS 是包含诸多基于生态系统方法的伞形概念，如基于生态系统的适应（Ecosystem-based Adaptation, EbA）、基于生态系统的灾害风险减缓（Ecosystem-based Disaster Risk Reduction，Eco-DRR）、自然基础设施、绿色基础设施等。NbS 强调利用自然生态系统来提供涵养水源、改善土壤健康、净化大气环境、保护生物多样性、固碳释氧等一系列重要的生态系统服务，应对人类面临的一系列挑战。更重要的是，NbS 可以带来多种经济、环境和社会效益，如降低基础设施成本、创造就业、促进经济绿色增长、提升人类健康等[2]。

2019 年，NbS 被列为联合国气候行动峰会 9 项行动之一，并由中国和新西兰共同牵头推进。随后，NbS 作为一种应对气候变化的重要手段逐渐受到中国气候变化及生态保护领域政策制定者、学

---

[1]　张连凯、金鑫:《实现碳达峰、碳中和的自然碳汇解决方案》，自然资源部中国地质调查局网站，https://www.cgs.gov.cn/ddztt/jqthd/ddy/jyxc/202107/t20210730_677425.html，2021 年 7 月 30 日。

[2]　曾楠:《基于自然的解决方案助力碳中和》，《世界环境》2021 年第 4 期。

界和 NGO 的广泛关注。2020 年 9 月，NbS 被写入自然资源部办公厅、财政部办公厅、生态环境部办公厅联合印发的《山水林田湖草生态保护修复工程指南（试行）》。2021 年 3 月，大自然保护协会发布首本 NbS 中文书籍《基于自然的解决方案研究与实践》，系统地阐述了 NbS 如何应对包括气候变化、生物多样性丧失在内的多重社会挑战。而基于自然的解决方案，从森林、湿地、农田、草地，到城市和海岸带，给我们提供了应对气候变化的"无悔"选项。在选项的背后，需要强有力的科学证据基础、政策和多方参与机制来推动这场系统性变革①。

（二）林业碳汇项目

碳汇（Carbon Sink），一般指从空气中清除二氧化碳的过程、活动、机制，主要是指自然生态系统吸收并储存二氧化碳的多少，或者说是自然系统吸收并储存二氧化碳的能力。在自然生态系统中，林业碳汇是最大的贡献者。

研究表明，我国的碳汇能力逐步提升。通过大力培育和保护人工林，2010~2016 年我国陆地生态系统年均吸收约 11.1 亿吨碳，吸收了同时期人为碳排放的 45%，可见林业碳汇在碳中和愿景中扮演着重要角色，碳汇项目将助力我国实现碳中和目标。

并非所有森林都可以开发成碳汇项目并进行碳汇交易。根据《联合国气候变化框架公约》对碳汇的定义和国际国内碳排放权交易的有关规则，目前，能够交易的林业碳汇应该是按照有关规则和

---

① 曾楠、靳彤、张小全：《基于自然的解决方案：实现碳中和的"无悔"路径》，中外对话，https://chinadialogue.net/zh/6/72946/，2021 年 8 月 26 日。

被批准的林业方法学开发的林业碳汇项目所产生的净碳汇量，即从项目碳汇量中扣除了基线碳汇量和泄漏量之后剩余的碳汇量，也就是项目减排量。并且项目必须要具有“额外性”。额外性是指碳汇项目活动所带来的减排量（项目净碳汇量）相对于基准线的碳吸收（基线碳汇量）而言是额外的，即这种减排量在没有拟议碳汇项目活动时是不会产生的。通俗地说，额外性意味着在没有碳收益或技术支持的情况下，拟议碳汇项目是无法成功实施和运营的[①]。

根据国内外碳交易的有关规定，并不是所有造林项目和森林经营项目固定的碳汇都可以上市交易。必须是按照相应的减排机制的规则和方法学的要求开发的林业碳汇项目所产生的碳减排量，并且碳减排量需经具备资格的第三方审定核证合格且获得主管机构签发后才能进行碳汇交易。由此可见，只有具备额外性，符合方法学的造林和森林经营等项目产生的净增碳汇量才能进入碳市场交易。而这里所说的额外性必须根据方法学规定的程序和步骤进行论证，提供可核查的有效证据，并获得第三方审定机构的核实。

在林业碳汇项目开发中至关重要的标准或方法学是指用于确定项目的基准线、论证额外性、计算减排量、制定监测计划等的方法指南。方法学是林业碳汇项目开发和审核的标准和依据。不同减排机制的方法学不完全相同。2013 年以来，国家发改委先后备案发布了 4 个 CCER 林业碳汇项目方法学，分别是《AR–CM–001–V01 碳汇造林项目方法学》《AR–CM–002–V01 竹子造林碳

① 李金良：《林业碳汇交易的主要误区和关键问题分析》，丽水市生态环境局网站，http://hb.lishui.gov.cn/art/2021/9/8/art_1229554955_58925082.html，2021 年 9 月 8 日。

汇项目方法学》《AR-CM-003-V01 森林经营碳汇项目方法学》《AR-CM-005-V01 竹林经营碳汇项目方法学》。其中，竹子造林碳汇项目方法学和竹林经营碳汇项目方法学是我国首创。2013 年，清洁发展机制（CDM）将造林再造林方法学按湿地和非湿地、大型项目和小项目整合为 4 个方法学，要求造林项目的土地是 50 年以来的无林地，而再造林项目的土地是 1990 年 1 月 1 日以来的无林地。

自 2014 年在我国自愿减排交易信息平台审定第一个林业碳汇类项目以来，截至 2018 年 12 月 31 日，共有约 100 个林业碳汇项目被审定，总面积约 248 万公顷，而我国森林面积有 2.2 亿公顷。

1. 福建林业碳汇抵消机制（FFCER）

福建省作为国内森林覆盖率最高的省份，2017 年印发《福建省林业碳汇交易试点方案》，选择顺昌、永安、长汀、德化、华安、霞浦、洋口国有林场、五一国有林场等 20 个县（区、市）、林场开展林业碳汇交易试点，项目类型主要包含碳汇造林、森林经营碳汇、竹林经营碳汇项目，核证后的林业碳汇项目可在福建试点碳市场进行交易。截至目前，福建省林业局和福建省生态环境厅已备案五批共计 20 个项目，备案减排量共计 290.69 万吨。截至 2021 年 5 月 31 日，福建试点碳市场累计成交 275.35 万吨，成交金额 4055.06 万元。

2. 广东碳普惠抵消信用机制（PHCER）

2015 年，广东省发布《广东省碳普惠制试点工作实施方案》，决定在广东省内组织开展碳普惠制试点工作。2016 年 1 月，广州、东莞、中山、惠州、韶关、河源 6 个城市成为首批碳普惠制试点地区，试点期为 3 年。2017 年 4 月，广东省发改委发布《关于碳普惠制核证减排量管理的暂行办法》，指出纳入广东省碳普惠制试点地区的相关企业或个人自愿参与实施的减少温室气体排放和增加绿色碳汇等低碳行为所产生的核证自愿减排量，将正式被允许接入碳交易市场。省级林业碳汇抵消机制作为碳排放权交易市场的有效补充机制，原则上等同于本省产生的国家核证自愿减排量，可用于抵消纳入碳市场范围控排企业的实际碳排放。2017 年广东省先后发布森林保护、森林经营等 5 个碳普惠方法学。

2018 年 8 月，为进一步深化碳普惠制试点工作的思路及完善碳普惠制核证减排量相应管理制度，广东省暂停受理省级碳普惠制核证减排量备案申请。2019 年 5 月，广东省生态环境厅宣布恢复受理省级碳普惠制核证减排量备案申请工作，同时更新 5 个相关方法学。

广东碳普惠抵消信用机制上线以来呈现快速发展的趋势。从备案项目看，根据广州碳排放权交易中心和广东省生态环境厅统计，截至 2021 年 6 月 30 日，广东省备案碳普惠自愿减排量达 191.97 万吨，项目类型以林业碳汇为主，占比达 92%。从成交数据来看，根据广州碳排放权交易中心数据，截至 2021 年 6 月 30 日，碳普惠自愿减排量累计成交 621.67 万吨。从广东省历年履约情况来看，自 2016 年广东碳普惠抵消信用机制纳入碳交易市场以来，成交量和成交价呈现齐升趋势，2019 年度成交量为 209.77 万吨，成交金额为 4952 万元，交易均价为 23.61 元／吨，相较 2017 年均价的 13.04 元／吨，均价上涨超过 81%。广东省 2017~2019 年林业碳普惠项目成交情况见表 6-5。

表6-5 广东省2017~2021年林业碳普惠项目成交情况

年份	成交项目	购买方	成交量（吨）	成交均价（元/吨）
2017	国营刘张家山林场林业碳普惠森林保护项目	微碳（广州）低碳科技有限公司	26284	14.71
	国营刘张家山林场林业碳普惠森林保护项目	杭州超腾能源技术股份有限公司	11328	14.75
	广东省东江林场林业碳普惠森林保护项目	微碳（广州）低碳科技有限公司	34254	16.01
	广东省东江林场林业碳普惠森林保护项目	微碳（广州）低碳科技有限公司	27161	16.34
	韶关市翁源县等4县（市）36个省定贫困村及少数民族县村林业碳普惠项目	微碳（广州）低碳科技有限公司、国泰君安证券股份有限公司等	307805	16.32
	广州市花都区梯面林场林业碳普惠项目	—	13319	17.06
	河源市国有桂山林场森林保护项目	—	40024	22.50
	国营广东省新丰江林场碳普惠项目	—	41559	23.99
2019	韶关市始兴县等3县（区、市）24个省定贫困村林业碳普惠项目	—	196643	32.02
2020	清远市英德市横石塘镇前锋村林业碳普惠项目	—	1448	36.00
	清远市英德市横石塘镇龙华村林业碳普惠项目	—	3657	36.00
	肇庆市怀集县桥头镇红光村林业碳普惠项目	—	3790	32.73
	梅州市丰顺县龙岗镇坪丰村林业碳普惠项目	—	60375	33.03
	清远市阳山县14个林业碳普惠项目	—	52355	35.03
	肇庆市广宁县4个省定贫困村林业碳普惠项目	—	9789	36.06

续表

年份	成交项目	购买方	成交量（吨）	成交均价（元/吨）
2020	韶关市新古县等3县6个省定贫困村林业碳普惠项目	—	36570	36.69
	韶关市翁源县龙仙镇青云村林业碳普惠项目	—	60898	37.51
合计			927259	24.92

资料来源：唐玉凤、周伟：《广东省林业碳普惠交易现状与对策建议》，《广东农业科学》2021第6期。

3. 北京林业碳汇抵消机制（BCER）

2013年北京碳排放权交易正式上线，林业碳汇作为抵消机制纳入其中。2014年北京市发改委和园林绿化局联合印发《北京市碳排放权抵消管理办法（试行）》，指出可用于重点排放单位进行抵消的林业碳汇项目必须来自北京市辖区内的碳汇造林项目（2005年2月16日后的无林地）和森林经营碳汇项目（2005年2月16后开始实施），同时项目业主应对土地具备使用权或所有权。北京林业碳汇项目主要包含国家核证自愿减排量、北京林业碳汇抵消机制（BCER）、北京碳汇基金项目、义务植树购碳履责项目等。核证过的林业碳汇项目经市发改委、园林绿化局审定认可后可预签获得60%的核证减排量用于碳交易，在获得国家发展改革委备案的核证自愿减排量后，可将与预签发减排量等量的核证自愿减排量从其项目减排账户转移到其在本市的抵消账户。

根据北京环境交易所数据，2014年至2021年6月，北京林业碳汇交易价格在8.4~61元/吨，波动幅度较大。截至2021年6月底，北京市林业碳汇共成交近14万吨，成交额达527万元，成交均价为 37.6 元 / 吨[①]。

专栏　碳汇项目实例

2011 年，广东长隆碳汇造林项目在河源和梅州的宜林荒山实施。2014 年 7 月 21 日，长隆项目通过国家发改委的审核并获得备案，成为全国首个进入碳汇市场交易的中国林业 CCER 项目。2015 年 5 月，该项目成为国内第一个获得国家发改委签发的林业 CCER 项目。之后该项目业主与广东粤电环保有限公司签订协议，实现 5208 吨的碳排放量交易，完成国内林业 CCER 的首笔交易。但由于 CCER 项目对林业碳汇开发的要求以及方法学相对之前较严格和复杂，且审核流程所需的时间以及资金等成本较高，使大量的森林资源无法开发成为 CCER 项目。基于这些原因，广东省积极探索效率更高的林业碳普惠模式。

2021 年 7 月 30 日，浙江安吉农商银行依据《竹林经营碳汇项目方法学》对报福镇统里村杨忠勇承包经营的 1030 亩毛竹林进行减排计算，预计承包期内能减碳 7045 吨，参考 2021 年 7 月 16 日全国碳排放权交易市场的碳排放权交易价格，得出林地碳汇价值为 37.19 万元的结论，并通过中国人民银行征信中心动产融资统一登记公示系统进行质押登记和公示，顺利投放国内首笔竹林碳汇质押 37 万元贷款，促进了竹林生态价

[①] 杨宇、缪海超、曾文婉、张锦:《CCER 价值分析（上）：林业碳汇全方位剖析》，华宝证券，https://pdf.dfcfw.com/pdf/H3_AP202107041501676700_1.pdf?1634 048659000.pdf，2021 年 7 月 2 日。

值货币化以及竹林碳汇产业的形成。

2021 年 8 月 5 日，四川省印发《四川林草碳汇行动方案》，明确推进碳汇项目发展，支持凉山州乡村振兴、宣汉森林经营、天全大熊猫栖息地恢复、龙泉山城市森林和若尔盖湿地等林草碳汇项目示范。明确推进林草碳汇交易，探索林农和牧民小规模林草资源价值实现路径，构建区域性林草碳汇自愿市场，积极推动建立包括"碳惠天府"在内的区域碳减排机制，并明确提出在 5 年内基本建立林草碳汇高质量发展体系。

附　录

附录 1 《中共中央　国务院关于完整准确全面贯彻新发展理念做好碳达峰碳中和工作的意见》[①]

（2021 年 9 月 22 日）

实现碳达峰、碳中和，是以习近平同志为核心的党中央统筹国内国际两个大局作出的重大战略决策，是着力解决资源环境约束突出问题、实现中华民族永续发展的必然选择，是构建人类命运共同体的庄严承诺。为完整、准确、全面贯彻新发展理念，做好碳达峰、碳中和工作，现提出如下意见。

一、总体要求

（一）指导思想。以习近平新时代中国特色社会主义思想为指

[①] 《中共中央　国务院关于完整准确全面贯彻新发展理念做好碳达峰碳中和工作的意见》，中央人民政府网，http://www.gov.cn/zhengce/2021-10/24/content_5644613.htm，2021 年 9 月 22 日。

导，全面贯彻党的十九大和十九届二中、三中、四中、五中全会精神，深入贯彻习近平生态文明思想，立足新发展阶段，贯彻新发展理念，构建新发展格局，坚持系统观念，处理好发展和减排、整体和局部、短期和中长期的关系，把碳达峰、碳中和纳入经济社会发展全局，以经济社会发展全面绿色转型为引领，以能源绿色低碳发展为关键，加快形成节约资源和保护环境的产业结构、生产方式、生活方式、空间格局，坚定不移走生态优先、绿色低碳的高质量发展道路，确保如期实现碳达峰、碳中和。

（二）工作原则

实现碳达峰、碳中和目标，要坚持"全国统筹、节约优先、双轮驱动、内外畅通、防范风险"原则。

——全国统筹。全国一盘棋，强化顶层设计，发挥制度优势，实行党政同责，压实各方责任。根据各地实际分类施策，鼓励主动作为、率先达峰。

——节约优先。把节约能源资源放在首位，实行全面节约战略，持续降低单位产出能源资源消耗和碳排放，提高投入产出效率，倡导简约适度、绿色低碳生活方式，从源头和入口形成有效的碳排放控制阀门。

——双轮驱动。政府和市场两手发力，构建新型举国体制，强化科技和制度创新，加快绿色低碳科技革命。深化能源和相关领域改革，发挥市场机制作用，形成有效激励约束机制。

——内外畅通。立足国情实际，统筹国内国际能源资源，推广先进绿色低碳技术和经验。统筹做好应对气候变化对外斗争与合作，不断增强国际影响力和话语权，坚决维护我国发展权益。

——防范风险。处理好减污降碳和能源安全、产业链供应链安全、粮食安全、群众正常生活的关系，有效应对绿色低碳转型可能伴随的经济、金融、社会风险，防止过度反应，确保安全降碳。

二、主要目标

到 2025 年，绿色低碳循环发展的经济体系初步形成，重点行业能源利用效率大幅提升。单位国内生产总值能耗比 2020 年下降 13.5%；单位国内生产总值二氧化碳排放比 2020 年下降 18%；非化石能源消费比重达到 20% 左右；森林覆盖率达到 24.1%，森林蓄积量达到 180 亿立方米，为实现碳达峰、碳中和奠定坚实基础。

到 2030 年，经济社会发展全面绿色转型取得显著成效，重点耗能行业能源利用效率达到国际先进水平。单位国内生产总值能耗大幅下降；单位国内生产总值二氧化碳排放比 2005 年下降 65%以上；非化石能源消费比重达到 25% 左右，风电、太阳能发电总装机容量达到 12 亿千瓦以上；森林覆盖率达到 25% 左右，森林蓄积量达到 190 亿立方米，二氧化碳排放量达到峰值并实现稳中有降。

到 2060 年，绿色低碳循环发展的经济体系和清洁低碳安全高效的能源体系全面建立，能源利用效率达到国际先进水平，非化石能源消费比重达到 80% 以上，碳中和目标顺利实现，生态文明建设取得丰硕成果，开创人与自然和谐共生新境界。

三、推进经济社会发展全面绿色转型

（三）强化绿色低碳发展规划引领。将碳达峰、碳中和目标要求全面融入经济社会发展中长期规划，强化国家发展规划、国土空间规划、专项规划、区域规划和地方各级规划的支撑保障。加强各级各类规划间衔接协调，确保各地区各领域落实碳达峰、碳中和的主要目标、发展方向、重大政策、重大工程等协调一致。

（四）优化绿色低碳发展区域布局。持续优化重大基础设施、重大生产力和公共资源布局，构建有利于碳达峰、碳中和的国土空间开发保护新格局。在京津冀协同发展、长江经济带发展、粤港澳大湾区建设、长三角一体化发展、黄河流域生态保护和高质量发展等区域重大战略实施中，强化绿色低碳发展导向和任务要求。

（五）加快形成绿色生产生活方式。大力推动节能减排，全面推进清洁生产，加快发展循环经济，加强资源综合利用，不断提升绿色低碳发展水平。扩大绿色低碳产品供给和消费，倡导绿色低碳生活方式。把绿色低碳发展纳入国民教育体系。开展绿色低碳社会行动示范创建。凝聚全社会共识，加快形成全民参与的良好格局。

四、深度调整产业结构

（六）推动产业结构优化升级。加快推进农业绿色发展，促进农业固碳增效。制定能源、钢铁、有色金属、石化化工、建材、交通、建筑等行业和领域碳达峰实施方案。以节能降碳为导向，修订产业结构调整指导目录。开展钢铁、煤炭去产能"回头看"，巩固去产能成果。加快推进工业领域低碳工艺革新和数字化转型。开展碳达峰试点园区建设。加快商贸流通、信息服务等绿色转型，提升服务业低碳发展水平。

（七）坚决遏制高耗能高排放项目盲目发展。新建、扩建钢铁、

《中共中央　国务院关于完整准确全面贯彻新发展理念做好碳达峰碳中和工作的意见》

水泥、平板玻璃、电解铝等高耗能高排放项目严格落实产能等量或减量置换，出台煤电、石化、煤化工等产能控制政策。未纳入国家有关领域产业规划的，一律不得新建改扩建炼油和新建乙烯、对二甲苯、煤制烯烃项目。合理控制煤制油气产能规模。提升高耗能高排放项目能耗准入标准。加强产能过剩分析预警和窗口指导。

（八）大力发展绿色低碳产业。加快发展新一代信息技术、生物技术、新能源、新材料、高端装备、新能源汽车、绿色环保以及航空航天、海洋装备等战略性新兴产业。建设绿色制造体系。推动互联网、大数据、人工智能、第五代移动通信（5G）等新兴技术与绿色低碳产业深度融合。

五、加快构建清洁低碳安全高效能源体系

（九）强化能源消费强度和总量双控。坚持节能优先的能源发展战略，严格控制能耗和二氧化碳排放强度，合理控制能源消费总量，统筹建立二氧化碳排放总量控制制度。做好产业布局、结构调整、节能审查与能耗双控的衔接，对能耗强度下降目标完成形势严峻的地区实行项目缓批限批、能耗等量或减量替代。强化节能监察和执法，加强能耗及二氧化碳排放控制目标分析预警，严格责任落实和评价考核。加强甲烷等非二氧化碳温室气体管控。

（十）大幅提升能源利用效率。把节能贯穿于经济社会发展全过程和各领域，持续深化工业、建筑、交通运输、公共机构等重点领域节能，提升数据中心、新型通信等信息化基础设施能效水平。健全能源管理体系，强化重点用能单位节能管理和目标责任。瞄准国际先进水平，加快实施节能降碳改造升级，打造能效"领跑者"。

（十一）严格控制化石能源消费。加快煤炭减量步伐，"十四五"时期严控煤炭消费增长，"十五五"时期逐步减少。石油消费"十五五"时期进入峰值平台期。统筹煤电发展和保供调峰，严控煤电装机规模，加快现役煤电机组节能升级和灵活性改造。逐步减少直至禁止煤炭散烧。加快推进页岩气、煤层气、致密油气等非常规油气资源规模化开发。强化风险管控，确保能源安全稳定供应和平稳过渡。

（十二）积极发展非化石能源。实施可再生能源替代行动，大力发展风能、太阳能、生物质能、海洋能、地热能等，不断提高非化石能源消费比重。坚持集中式与分布式并举，优先推动风能、太阳能就地就近开发利用。因地制宜开发水能。积极安全有序发展核电。合理利用生物质能。加快推进抽水蓄能和新型储能规模化应用。统筹推进氢能"制储输用"全链条发展。构建以新能源为主体的新型电力系统，提高电网对高比例可再生能源的消纳和调控能力。

（十三）深化能源体制机制改革。全面推进电力市场化改革，加快培育发展配售电环节独立市场主体，完善中长期市场、现货市场和辅助服务市场衔接机制，扩大市场化交易规模。推进电网体制改革，明确以消纳可再生能源为主的增量配电网、微电网和分布式电源的市场主体地位。加快形成以储能和调峰能力为基础支撑的新增电力装机发展机制。完善电力等能源品种价格市场化形成机制。从有利于节能的角度深化电价改革，理顺输配电价结构，全面放开竞争性环节电价。推进煤炭、油气等市场化改革，加快完善能源统一市场。

六、加快推进低碳交通运输体系建设

（十四）优化交通运输结构。加快建设综合立体交通网，大力发展多式联运，提高铁路、水路在综合运输中的承运比重，持续降低运输能耗和二氧化碳排放强度。优化客运组织，引导客运企业规模化、集约化经营。加快发展绿色物流，整合运输资源，提高利用效率。

（十五）推广节能低碳型交通工具。加快发展新能源和清洁能源车船，推广智能交通，推进铁路电气化改造，推动加氢站建设，促进船舶靠港使用岸电常态化。加快构建便利高效、适度超前的充换电网络体系。提高燃油车船能效标准，健全交通运输装备能效标识制度，加快淘汰高耗能高排放老旧车船。

（十六）积极引导低碳出行。加快城市轨道交通、公交专用道、快速公交系统等大容量公共交通基础设施建设，加强自行车专用道和行人步道等城市慢行系统建设。综合运用法律、经济、技术、行政等多种手段，加大城市交通拥堵治理力度。

七、提升城乡建设绿色低碳发展质量

（十七）推进城乡建设和管理模式低碳转型。在城乡规划建设管理各环节全面落实绿色低碳要求。推动城市组团式发展，建设城市生态和通风廊道，提升城市绿化水平。合理规划城镇建筑面积发展目标，严格管控高能耗公共建筑建设。实施工程建设全过程绿色建造，健全建筑拆除管理制度，杜绝大拆大建。加快推进绿色社区建设。结合实施乡村建设行动，推进县城和农村绿色低碳发展。

（十八）大力发展节能低碳建筑。持续提高新建建筑节能标准，加快推进超低能耗、近零能耗、低碳建筑规模化发展。大力推进城镇既有建筑和市政基础设施节能改造，提升建筑节能低碳水平。逐步开展建筑能耗限额管理，推行建筑能效测评标识，开展建筑领域低碳发展绩效评估。全面推广绿色低碳建材，推动建筑材料循环利用。发展绿色农房。

（十九）加快优化建筑用能结构。深化可再生能源建筑应用，加快推动建筑用能电气化和低碳化。开展建筑屋顶光伏行动，大幅提高建筑采暖、生活热水、炊事等电气化普及率。在北方城镇加快推进热电联产集中供暖，加快工业余热供暖规模化发展，积极稳妥推进核电余热供暖，因地制宜推进热泵、燃气、生物质能、地热能等清洁低碳供暖。

八、加强绿色低碳重大科技攻关和推广应用

（二十）强化基础研究和前沿技术布局。制定科技支撑碳达峰、碳中和行动方案，编制碳中和技术发展路线图。采用"揭榜挂帅"机制，开展低碳零碳负碳和储能新材料、新技术、新装备攻关。加强气候变化成因及影响、生态系统碳汇等基础理论和方法研究。推进高效率太阳能电池、可再生能源制氢、可控核聚变、零碳工业流程再造等低碳前沿技术攻关。培育一批节能降碳和新能源技术产品研发国家重点实验室、国家技术创新中心、重大科技创新平台。建设碳达峰、碳中和人才体系，鼓励高等学校增设碳达峰、碳中和相关学科专业。

（二十一）加快先进适用技术研发和推广。深入研究支撑风电、太阳能发电大规模友好并网的智能电网技术。加强电化学、压缩

空气等新型储能技术攻关、示范和产业化应用。加强氢能生产、储存、应用关键技术研发、示范和规模化应用。推广园区能源梯级利用等节能低碳技术。推动气凝胶等新型材料研发应用。推进规模化碳捕集利用与封存技术研发、示范和产业化应用。建立完善绿色低碳技术评估、交易体系和科技创新服务平台。

九、持续巩固提升碳汇能力

（二十二）巩固生态系统碳汇能力。强化国土空间规划和用途管控，严守生态保护红线，严控生态空间占用，稳定现有森林、草原、湿地、海洋、土壤、冻土、岩溶等固碳作用。严格控制新增建设用地规模，推动城乡存量建设用地盘活利用。严格执行土地使用标准，加强节约集约用地评价，推广节地技术和节地模式。

（二十三）提升生态系统碳汇增量。实施生态保护修复重大工程，开展山水林田湖草沙一体化保护和修复。深入推进大规模国土绿化行动，巩固退耕还林还草成果，实施森林质量精准提升工程，持续增加森林面积和蓄积量。加强草原生态保护修复。强化湿地保护。整体推进海洋生态系统保护和修复，提升红树林、海草床、盐沼等固碳能力。开展耕地质量提升行动，实施国家黑土地保护工程，提升生态农业碳汇。积极推动岩溶碳汇开发利用。

十、提高对外开放绿色低碳发展水平

（二十四）加快建立绿色贸易体系。持续优化贸易结构，大力发展高质量、高技术、高附加值绿色产品贸易。完善出口政策，严格管理高耗能高排放产品出口。积极扩大绿色低碳产品、节能环保服务、环境服务等进口。

（二十五）推进绿色"一带一路"建设。加快"一带一路"投资合作绿色转型。支持共建"一带一路"国家开展清洁能源开发利用。大力推动南南合作，帮助发展中国家提高应对气候变化能力。深化与各国在绿色技术、绿色装备、绿色服务、绿色基础设施建设等方面的交流与合作，积极推动我国新能源等绿色低碳技术和产品走出去，让绿色成为共建"一带一路"的底色。

（二十六）加强国际交流与合作。积极参与应对气候变化国际谈判，坚持我国发展中国家定位，坚持共同但有区别的责任原则、公平原则和各自能力原则，维护我国发展权益。履行《联合国气候变化框架公约》及其《巴黎协定》，发布我国长期温室气体低排放发展战略，积极参与国际规则和标准制定，推动建立公平合理、合作共赢的全球气候治理体系。加强应对气候变化国际交流合作，统筹国内外工作，主动参与全球气候和环境治理。

十一、健全法律法规标准和统计监测体系

（二十七）健全法律法规。全面清理现行法律法规中与碳达峰、碳中和工作不相适应的内容，加强法律法规间的衔接协调。研究制定碳中和专项法律，抓紧修订节约能源法、电力法、煤炭法、可再生能源法、循环经济促进法等，增强相关法律法规的针对性和有效性。

（二十八）完善标准计量体系。建立健全碳达峰、碳中和标准计量体系。加快节能标准更新升级，抓紧修订一批能耗限额、产品设备能效强制性国家标准和工程建设标准，提升重点产品能耗限额要求，扩大能耗限额标准覆盖范围，完善能源核算、检测认证、评

估、审计等配套标准。加快完善地区、行业、企业、产品等碳排放核查核算报告标准，建立统一规范的碳核算体系。制定重点行业和产品温室气体排放标准，完善低碳产品标准标识制度。积极参与相关国际标准制定，加强标准国际衔接。

（二十九）提升统计监测能力。健全电力、钢铁、建筑等行业领域能耗统计监测和计量体系，加强重点用能单位能耗在线监测系统建设。加强二氧化碳排放统计核算能力建设，提升信息化实测水平。依托和拓展自然资源调查监测体系，建立生态系统碳汇监测核算体系，开展森林、草原、湿地、海洋、土壤、冻土、岩溶等碳汇本底调查和碳储量评估，实施生态保护修复碳汇成效监测评估。

十二、完善政策机制

（三十）完善投资政策。充分发挥政府投资引导作用，构建与碳达峰、碳中和相适应的投融资体系，严控煤电、钢铁、电解铝、水泥、石化等高碳项目投资，加大对节能环保、新能源、低碳交通运输装备和组织方式、碳捕集利用与封存等项目的支持力度。完善支持社会资本参与政策，激发市场主体绿色低碳投资活力。国有企业要加大绿色低碳投资，积极开展低碳零碳负碳技术研发应用。

（三十一）积极发展绿色金融。有序推进绿色低碳金融产品和服务开发，设立碳减排货币政策工具，将绿色信贷纳入宏观审慎评估框架，引导银行等金融机构为绿色低碳项目提供长期限、低成本资金。鼓励开发性政策性金融机构按照市场化法治化原则为实现碳达峰、碳中和提供长期稳定融资支持。支持符合条件的企业上市融资和再融资用于绿色低碳项目建设运营，扩大绿色债券规模。研究设立国家低碳转型基金。鼓励社会资本设立绿色低碳产业投资基金。建立健全绿色金融标准体系。

（三十二）完善财税价格政策。各级财政要加大对绿色低碳产业发展、技术研发等的支持力度。完善政府绿色采购标准，加大绿色低碳产品采购力度。落实环境保护、节能节水、新能源和清洁能源车船税收优惠。研究碳减排相关税收政策。建立健全促进可再生能源规模化发展的价格机制。完善差别化电价、分时电价和居民阶梯电价政策。严禁对高耗能、高排放、资源型行业实施电价优惠。加快推进供热计量改革和按供热量收费。加快形成具有合理约束力的碳价机制。

（三十三）推进市场化机制建设。依托公共资源交易平台，加快建设完善全国碳排放权交易市场，逐步扩大市场覆盖范围，丰富交易品种和交易方式，完善配额分配管理。将碳汇交易纳入全国碳排放权交易市场，建立健全能够体现碳汇价值的生态保护补偿机制。健全企业、金融机构等碳排放报告和信息披露制度。完善用能权有偿使用和交易制度，加快建设全国用能权交易市场。加强电力交易、用能权交易和碳排放权交易的统筹衔接。发展市场化节能方式，推行合同能源管理，推广节能综合服务。

十三、切实加强组织实施

（三十四）加强组织领导。加强党中央对碳达峰、碳中和工作的集中统一领导，碳达峰碳中和工作领导小组指导和统筹做好碳达峰、碳中和工作。支持有条件的地方和重点行业、重点企业率先实现碳达峰，组织开展碳达峰、碳中和先行示范，探索有效模式和有益经验。将碳达峰、碳中和作为干部教育培训体系重要内容，增强各级领导干部推动绿色低碳发展的本领。

（三十五）强化统筹协调。国家发展改革委要加强统筹，组织落实 2030 年前碳达峰行动方案，加强碳中和工作谋划，定期调度各地区各有关部门落实碳达峰、碳中和目标任务进展情况，加强跟踪评估和督促检查，协调解决实施中遇到的重大问题。各有关部门要加强协调配合，形成工作合力，确保政策取向一致、步骤力度衔接。

（三十六）压实地方责任。落实领导干部生态文明建设责任制，地方各级党委和政府要坚决扛起碳达峰、碳中和责任，明确目标任务，制定落实举措，自觉为实现碳达峰、碳中和作出贡献。

（三十七）严格监督考核。各地区要将碳达峰、碳中和相关指标纳入经济社会发展综合评价体系，增加考核权重，加强指标约束。强化碳达峰、碳中和目标任务落实情况考核，对工作突出的地区、单位和个人按规定给予表彰奖励，对未完成目标任务的地区、部门依规依法实行通报批评和约谈问责，有关落实情况纳入中央生态环境保护督察。各地区各有关部门贯彻落实情况每年向党中央、国务院报告。

附录 2 《国务院关于加快建立健全绿色低碳循环发展经济体系的指导意见》^①

（国发〔2021〕4 号）

各省、自治区、直辖市人民政府，国务院各部委、各直属机构：

建立健全绿色低碳循环发展经济体系，促进经济社会发展全面绿色转型，是解决我国资源环境生态问题的基础之策。为贯彻落实党的十九大部署，加快建立健全绿色低碳循环发展的经济体系，现提出如下意见。

一、总体要求

（一）指导思想。以习近平新时代中国特色社会主义思想为指导，深入贯彻党的十九大和十九届二中、三中、四中、五中全会精

---

① 《国务院关于加快建立健全绿色低碳循环发展经济体系的指导意见》，中央人民政府网，http://www.gov.cn/zhengce/content/2021-02/22/content_5588274.htm。

神，全面贯彻习近平生态文明思想，认真落实党中央、国务院决策部署，坚定不移贯彻新发展理念，全方位全过程推行绿色规划、绿色设计、绿色投资、绿色建设、绿色生产、绿色流通、绿色生活、绿色消费，使发展建立在高效利用资源、严格保护生态环境、有效控制温室气体排放的基础上，统筹推进高质量发展和高水平保护，建立健全绿色低碳循环发展的经济体系，确保实现碳达峰、碳中和目标，推动我国绿色发展迈上新台阶。

（二）工作原则。

坚持重点突破。以节能环保、清洁生产、清洁能源等为重点率先突破，做好与农业、制造业、服务业和信息技术的融合发展，全面带动一二三产业和基础设施绿色升级。

坚持创新引领。深入推动技术创新、模式创新、管理创新，加快构建市场导向的绿色技术创新体系，推行新型商业模式，构筑有力有效的政策支持体系。

坚持稳中求进。做好绿色转型与经济发展、技术进步、产业接续、稳岗就业、民生改善的有机结合，积极稳妥、韧性持久地加以推进。

坚持市场导向。在绿色转型中充分发挥市场的导向性作用、企业的主体作用、各类市场交易机制的作用，为绿色发展注入强大动力。

（三）主要目标。到 2025 年，产业结构、能源结构、运输结构明显优化，绿色产业比重显著提升，基础设施绿色化水平不断提高，清洁生产水平持续提高，生产生活方式绿色转型成效显著，能源资源配置更加合理、利用效率大幅提高，主要污染物排放总量持续减少，碳排放强度明显降低，生态环境持续改善，市场导向的绿色技术创新体系更加完善，法律法规政策体系更加有效，绿色低碳循环发展的生产体系、流通体系、消费体系初步形成。到 2035 年，绿色发展内生动力显著增强，绿色产业规模迈上新台阶，重点行业、重点产品能源资源利用效率达到国际先进水平，广泛形成绿色生产生活方式，碳排放达峰后稳中有降，生态环境根本好转，美丽中国建设目标基本实现。

二、健全绿色低碳循环发展的生产体系

（四）推进工业绿色升级。加快实施钢铁、石化、化工、有色、建材、纺织、造纸、皮革等行业绿色化改造。推行产品绿色设计，建设绿色制造体系。大力发展再制造产业，加强再制造产品认证与推广应用。建设资源综合利用基地，促进工业固体废物综合利用。全面推行清洁生产，依法在"双超双有高耗能"行业实施强制性清洁生产审核。完善"散乱污"企业认定办法，分类实施关停取缔、整合搬迁、整改提升等措施。加快实施排污许可制度。加强工业生产过程中危险废物管理。

（五）加快农业绿色发展。鼓励发展生态种植、生态养殖，加强绿色食品、有机农产品认证和管理。发展生态循环农业，提高畜禽粪污资源化利用水平，推进农作物秸秆综合利用，加强农膜污染治理。强化耕地质量保护与提升，推进退化耕地综合治理。发展林业循环经济，实施森林生态标志产品建设工程。大力推进农业节水，推广高效节水技术。推行水产健康养殖。实施农药、兽用抗菌药使用减量和产地环境净化行动。依法加强养殖水域滩涂统一规划。完善相关水域禁渔管理制度。推进农业与旅游、教育、文化、健康等产业深度融合，加快一二三产业融合发展。

（六）提高服务业绿色发展水平。促进商贸企业绿色升级，培育一批绿色流通主体。有序发展出行、住宿等领域共享经济，规范发展闲置资源交易。加快信息服务业绿色转型，做好大中型数据中心、网络机房绿色建设和改造，建立绿色运营维护体系。推进会展业绿色发展，指导制定行业相关绿色标准，推动办展设施循环使用。推动汽修、装修装饰等行业使用低挥发性有机物含量原辅材料。倡导酒店、餐饮等行业不主动提供一次性用品。

（七）壮大绿色环保产业。建设一批国家绿色产业示范基地，推动形成开放、协同、高效的创新生态系统。加快培育市场主体，鼓励设立混合所有制公司，打造一批大型绿色产业集团；引导中小企业聚焦主业增强核心竞争力，培育"专精特新"中小企业。推行合同能源管理、合同节水管理、环境污染第三方治理等模式和以环境治理效果为导向的环境托管服务。进一步放开石油、化工、电力、天然气等领域节能环保竞争性业务，鼓励公共机构推行能源托管服务。适时修订绿色产业指导目录，引导产业发展方向。

（八）提升产业园区和产业集群循环化水平。科学编制新建产业园区开发建设规划，依法依规开展规划环境影响评价，严格准入标准，完善循环产业链条，推动形成产业循环耦合。推进既有产业园区和产业集群循环化改造，推动公共设施共建共享、能源梯级利用、资源循环利用和污染物集中安全处置等。鼓励建设电、热、冷、气等多种能源协同互济的综合能源项目。鼓励化工等产业园区配套建设危险废物集中贮存、预处理和处置设施。

（九）构建绿色供应链。鼓励企业开展绿色设计、选择绿色材料、实施绿色采购、打造绿色制造工艺、推行绿色包装、开展绿色运输、做好废弃产品回收处理，实现产品全周期的绿色环保。选择100家左右积极性高、社会影响大、带动作用强的企业开展绿色供应链试点，探索建立绿色供应链制度体系。鼓励行业协会通过制定规范、咨询服务、行业自律等方式提高行业供应链绿色化水平。

三、健全绿色低碳循环发展的流通体系

（十）打造绿色物流。积极调整运输结构，推进铁水、公铁、公水等多式联运，加快铁路专用线建设。加强物流运输组织管理，加快相关公共信息平台建设和信息共享，发展甩挂运输、共同配送。推广绿色低碳运输工具，淘汰更新或改造老旧车船，港口和机场服务、城市物流配送、邮政快递等领域要优先使用新能源或清洁能源汽车；加大推广绿色船舶示范应用力度，推进内河船型标准化。加快港口岸电设施建设，支持机场开展飞机辅助动力装置替代设备建设和应用。支持物流企业构建数字化运营平台，鼓励发展智慧仓储、智慧运输，推动建立标准化托盘循环共用制度。

（十一）加强再生资源回收利用。推进垃圾分类回收与再生资源回收"两网融合"，鼓励地方建立再生资源区域交易中心。加快落实生产者责任延伸制度，引导生产企业建立逆向物流回收体系。鼓励企业采用现代信息技术实现废物回收线上与线下有机结合，培育新型商业模式，打造龙头企业，提升行业整体竞争力。完善废旧家电回收处理体系，推广典型回收模式和经验做法。加快构建废旧物资循环利用体系，加强废纸、废塑料、废旧轮胎、废金属、废玻璃等再生资源回收利用，提升资源产出率和回收利用率。

（十二）建立绿色贸易体系。积极优化贸易结构，大力发展高

质量、高附加值的绿色产品贸易，从严控制高污染、高耗能产品出口。加强绿色标准国际合作，积极引领和参与相关国际标准制定，推动合格评定合作和互认机制，做好绿色贸易规则与进出口政策的衔接。深化绿色"一带一路"合作，拓宽节能环保、清洁能源等领域技术装备和服务合作。

四、健全绿色低碳循环发展的消费体系

（十三）促进绿色产品消费。加大政府绿色采购力度，扩大绿色产品采购范围，逐步将绿色采购制度扩展至国有企业。加强对企业和居民采购绿色产品的引导，鼓励地方采取补贴、积分奖励等方式促进绿色消费。推动电商平台设立绿色产品销售专区。加强绿色产品和服务认证管理，完善认证机构信用监管机制。推广绿色电力证书交易，引领全社会提升绿色电力消费。严厉打击虚标绿色产品行为，有关行政处罚等信息纳入国家企业信用信息公示系统。

（十四）倡导绿色低碳生活方式。厉行节约，坚决制止餐饮浪费行为。因地制宜推进生活垃圾分类和减量化、资源化，开展宣传、培训和成效评估。扎实推进塑料污染全链条治理。推进过度包装治理，推动生产经营者遵守限制商品过度包装的强制性标准。提升交通系统智能化水平，积极引导绿色出行。深入开展爱国卫生运动，整治环境脏乱差，打造宜居生活环境。开展绿色生活创建活动。

五、加快基础设施绿色升级

（十五）推动能源体系绿色低碳转型。坚持节能优先，完善能源消费总量和强度双控制度。提升可再生能源利用比例，大力推

动风电、光伏发电发展，因地制宜发展水能、地热能、海洋能、氢能、生物质能、光热发电。加快大容量储能技术研发推广，提升电网汇集和外送能力。增加农村清洁能源供应，推动农村发展生物质能。促进燃煤清洁高效开发转化利用，继续提升大容量、高参数、低污染煤电机组占煤电装机比例。在北方地区县城积极发展清洁热电联产集中供暖，稳步推进生物质耦合供热。严控新增煤电装机容量。提高能源输配效率。实施城乡配电网建设和智能升级计划，推进农村电网升级改造。加快天然气基础设施建设和互联互通。开展二氧化碳捕集、利用和封存试验示范。

（十六）推进城镇环境基础设施建设升级。推进城镇污水管网全覆盖。推动城镇生活污水收集处理设施"厂网一体化"，加快建设污泥无害化资源化处置设施，因地制宜布局污水资源化利用设施，基本消除城市黑臭水体。加快城镇生活垃圾处理设施建设，推进生活垃圾焚烧发电，减少生活垃圾填埋处理。加强危险废物集中处置能力建设，提升信息化、智能化监管水平，严格执行经营许可管理制度。提升医疗废物应急处理能力。做好餐厨垃圾资源化利用和无害化处理。在沿海缺水城市推动大型海水淡化设施建设。

（十七）提升交通基础设施绿色发展水平。将生态环保理念贯穿交通基础设施规划、建设、运营和维护全过程，集约利用土地等资源，合理避让具有重要生态功能的国土空间，积极打造绿色公路、绿色铁路、绿色航道、绿色港口、绿色空港。加强新能源汽车充换电、加氢等配套基础设施建设。积极推广应用温拌沥青、智能通风、辅助动力替代和节能灯具、隔声屏障等节能环保先进技术和产品。加大工程建设中废弃资源综合利用力度，推动废旧路面、沥青、疏浚土等材料以及建筑垃圾的资源化利用。

（十八）改善城乡人居环境。相关空间性规划要贯彻绿色发展理念，统筹城市发展和安全，优化空间布局，合理确定开发强度，鼓励城市留白增绿。建立"美丽城市"评价体系，开展"美丽城市"建设试点。增强城市防洪排涝能力。开展绿色社区创建行动，大力发展绿色建筑，建立绿色建筑统一标识制度，结合城镇老旧小区改造推动社区基础设施绿色化和既有建筑节能改造。建立乡村建设评价体系，促进补齐乡村建设短板。加快推进农村人居环境整治，因地制宜推进农村改厕、生活垃圾处理和污水治理、村容村貌提升、乡村绿化美化等。继续做好农村清洁供暖改造、老旧危房改造，打造干净整洁有序美丽的村庄环境。

六、构建市场导向的绿色技术创新体系

（十九）鼓励绿色低碳技术研发。实施绿色技术创新攻关行动，围绕节能环保、清洁生产、清洁能源等领域布局一批前瞻性、战略性、颠覆性科技攻关项目。培育建设一批绿色技术国家技术创新中心、国家科技资源共享服务平台等创新基地平台。强化企业创新主体地位，支持企业整合高校、科研院所、产业园区等力量建立市场化运行的绿色技术创新联合体，鼓励企业牵头或参与财政资金支持的绿色技术研发项目、市场导向明确的绿色技术创新项目。

（二十）加速科技成果转化。积极利用首台（套）重大技术装备政策支持绿色技术应用。充分发挥国家科技成果转化引导基金作用，强化创业投资等各类基金引导，支持绿色技术创新成果转化应用。支持企业、高校、科研机构等建立绿色技术创新项目孵化器、

创新创业基地。及时发布绿色技术推广目录,加快先进成熟技术推广应用。深入推进绿色技术交易中心建设。

七、完善法律法规政策体系

（二十一）强化法律法规支撑。推动完善促进绿色设计、强化清洁生产、提高资源利用效率、发展循环经济、严格污染治理、推动绿色产业发展、扩大绿色消费、实行环境信息公开、应对气候变化等方面法律法规制度。强化执法监督,加大违法行为查处和问责力度,加强行政执法机关与监察机关、司法机关的工作衔接配合。

（二十二）健全绿色收费价格机制。完善污水处理收费政策,按照覆盖污水处理设施运营和污泥处理处置成本并合理盈利的原则,合理制定污水处理收费标准,健全标准动态调整机制。按照产生者付费原则,建立健全生活垃圾处理收费制度,各地区可根据本地实际情况,实行分类计价、计量收费等差别化管理。完善节能环保电价政策,推进农业水价综合改革,继续落实好居民阶梯电价、气价、水价制度。

（二十三）加大财税扶持力度。继续利用财政资金和预算内投资支持环境基础设施补短板强弱项、绿色环保产业发展、能源高效利用、资源循环利用等。继续落实节能节水环保、资源综合利用以及合同能源管理、环境污染第三方治理等方面的所得税、增值税等优惠政策。做好资源税征收和水资源费改税试点工作。

（二十四）大力发展绿色金融。发展绿色信贷和绿色直接融资,加大对金融机构绿色金融业绩评价考核力度。统一绿色债券标准,建立绿色债券评级标准。发展绿色保险,发挥保险费率调节机制作用。支持符合条件的绿色产业企业上市融资。支持金融机构和相关企业在国际市场开展绿色融资。推动国际绿色金融标准趋同，有序推进绿色金融市场双向开放。推动气候投融资工作。

（二十五）完善绿色标准、绿色认证体系和统计监测制度。开展绿色标准体系顶层设计和系统规划，形成全面系统的绿色标准体系。加快标准化支撑机构建设。加快绿色产品认证制度建设，培育一批专业绿色认证机构。加强节能环保、清洁生产、清洁能源等领域统计监测，健全相关制度，强化统计信息共享。

（二十六）培育绿色交易市场机制。进一步健全排污权、用能权、用水权、碳排放权等交易机制，降低交易成本，提高运转效率。加快建立初始分配、有偿使用、市场交易、纠纷解决、配套服务等制度，做好绿色权属交易与相关目标指标的对接协调。

八、认真抓好组织实施

（二十七）抓好贯彻落实。各地区各有关部门要思想到位、措施到位、行动到位，充分认识建立健全绿色低碳循环发展经济体系的重要性和紧迫性，将其作为高质量发展的重要内容，进一步压实工作责任，加强督促落实，保质保量完成各项任务。各地区要根据本地实际情况研究提出具体措施，在抓落实上投入更大精力，确保政策措施落到实处。

（二十八）加强统筹协调。国务院各有关部门要加强协同配合，形成工作合力。国家发展改革委要会同有关部门强化统筹协调和督促指导，做好年度重点工作安排部署，及时总结各地区各有关部门的好经验好模式，探索编制年度绿色低碳循环发展报告，重大情况及时向党中央、国务院报告。

（二十九）深化国际合作。统筹国内国际两个大局，加强与世界各个国家和地区在绿色低碳循环发展领域的政策沟通、技术交流、项目合作、人才培训等，积极参与和引领全球气候治理，切实提高我国推动国际绿色低碳循环发展的能力和水平，为构建人类命运共同体作出积极贡献。

（三十）营造良好氛围。各类新闻媒体要讲好我国绿色低碳循环发展故事，大力宣传取得的显著成就，积极宣扬先进典型，适时曝光破坏生态、污染环境、严重浪费资源和违规乱上高污染、高耗能项目等方面的负面典型，为绿色低碳循环发展营造良好氛围。

附录3　习近平在第七十五届联合国大会
一般性辩论上的讲话[①]

（2020年9月22日，北京）

中华人民共和国主席　习近平

主席先生，各位同事：

今年是世界反法西斯战争胜利75周年，也是联合国成立75周年。昨天，联合国隆重举行纪念峰会，铭记世界反法西斯战争历史经验和教训，重申对联合国宪章宗旨和原则的坚定承诺，具有重要意义。

主席先生！

人类正在同新冠肺炎疫情进行斗争。病毒肆虐全球，疫情不断

---

① 《习近平在第七十五届联合国大会一般性辩论上的讲话（全文）》，新华网
http://www.xinhuanet.com/politics/leaders/2020-09/22/c_1126527652.htm。

反复。我们目睹了各国政府的努力、医务人员的付出、科学工作者的探索、普通民众的坚守。各国人民守望相助，展现出人类在重大灾难面前的勇气、决心、关爱，照亮了至暗时刻。疫情终将被人类战胜，胜利必将属于世界人民！

——面对疫情，我们要践行人民至上、生命至上理念。要调集一切资源，科学防治，精准施策，不遗漏一个感染者，不放弃一位患者，坚决遏制疫情蔓延。

——面对疫情，我们要加强团结、同舟共济。要秉持科学精神，充分发挥世界卫生组织关键领导作用，推进国际联防联控，坚决打赢全球疫情阻击战，反对政治化、污名化。

——面对疫情，我们要制定全面和常态化防控措施。要有序推进复商复市复工复学，创造就业，拉动经济，恢复经济社会秩序和活力，主要经济体要加强宏观政策协调，不仅要重启本国经济，而且要为世界经济复苏作出贡献。

——面对疫情，我们要关心和照顾发展中国家特别是非洲国家。国际社会要在减缓债务、援助等方面采取及时和强有力举措，确保落实好《联合国2030年可持续发展议程》，帮助他们克服困难。

75年前，中国为赢得世界反法西斯战争胜利作出了历史性贡献，支持建立了联合国。今天，秉持同样的担当精神，中国积极投身国际抗疫合作，为维护全球公共卫生安全贡献中国力量。我们将继续同各国分享抗疫经验和诊疗技术，向有需要的国家提供支持和帮助，确保全球抗疫物资供应链稳定，并积极参与病毒溯源和传播途径全球科学研究。中国已有多支疫苗进入Ⅲ期临床实验，研发完成并投入使用后将作为全球公共产品，优先向发展中国家提供。中国将落实好两年提供 20 亿美元国际援助的承诺，深化农业、减贫、教育、妇女儿童、气候变化等领域国际合作，助力各国经济社会恢复发展。

主席先生！

人类社会发展史，就是一部不断战胜各种挑战和困难的历史。新冠肺炎疫情全球大流行和世界百年未有之大变局相互影响，但和平与发展的时代主题没有变，各国人民和平发展合作共赢的期待更加强烈。新冠肺炎疫情不会是人类面临的最后一次危机，我们必须做好携手迎接更多全球性挑战的准备。

第一，这场疫情启示我们，我们生活在一个互联互通、休戚与共的地球村里。各国紧密相连，人类命运与共。任何国家都不能从别国的困难中谋取利益，从他国的动荡中收获稳定。如果以邻为壑、隔岸观火，别国的威胁迟早会变成自己的挑战。我们要树立你中有我、我中有你的命运共同体意识，跳出小圈子和零和博弈思维，树立大家庭和合作共赢理念，摒弃意识形态争论，跨越文明冲突陷阱，相互尊重各国自主选择的发展道路和模式，让世界多样性成为人类社会进步的不竭动力、人类文明多姿多彩的天然形态。

第二，这场疫情启示我们，经济全球化是客观现实和历史潮流。面对经济全球化大势，像鸵鸟一样把头埋在沙里假装视而不见，或像堂吉诃德一样挥舞长矛加以抵制，都违背了历史规律。世界退不回彼此封闭孤立的状态，更不可能被人为割裂。我们不能回避经济全球化带来的挑战，必须直面贫富差距、发展鸿沟等重大问题。我们要处理好政府和市场、公平和效率、增长和分配、技术和就业的关系，使发展既平衡又充分，发展成果公平惠及不同国家不同阶层不同人群。我们要秉持开放包容理念，坚定不移构建开放型世界经济，维护以世界贸易组织为基石的多边贸易体制，旗帜鲜明反对单边主义、保护主义，维护全球产业链供应链稳定畅通。

第三，这场疫情启示我们，人类需要一场自我革命，加快形成绿色发展方式和生活方式，建设生态文明和美丽地球。人类不能再忽视大自然一次又一次的警告，沿着只讲索取不讲投入、只讲发展不讲保护、只讲利用不讲修复的老路走下去。应对气候变化《巴黎协定》代表了全球绿色低碳转型的大方向，是保护地球家园需要采取的最低限度行动，各国必须迈出决定性步伐。中国将提高国家自主贡献力度，采取更加有力的政策和措施，二氧化碳排放力争于2030年前达到峰值，努力争取2060年前实现碳中和。各国要树立创新、协调、绿色、开放、共享的新发展理念，抓住新一轮科技革命和产业变革的历史性机遇，推动疫情后世界经济"绿色复苏"，汇聚起可持续发展的强大合力。

第四，这场疫情启示我们，全球治理体系亟待改革和完善。疫情不仅是对各国执政能力的大考，也是对全球治理体系的检验。我们要坚持走多边主义道路，维护以联合国为核心的国际体系。全球治理应该秉持共商共建共享原则，推动各国权利平等、机会平等、规则平等，使全球治理体系符合变化了的世界政治经济，满足应对全球性挑战的现实需要，顺应和平发展合作共赢的历史趋势。国家之间有分歧是正常的，应该通过对话协商妥善化解。国家之间可以有竞争，但必须是积极和良性的，要守住道德底线和国际规范。大国更应该有大的样子，要提供更多全球公共产品，承担大国责任，展现大国担当。

主席先生！

今年以来，14 亿中国人民不畏艰难、上下同心，全力克服疫情影响，加快恢复生产生活秩序。我们有信心如期全面建成小康社会，如期实现现行标准下农村贫困人口全部脱贫，提前 10 年实现《联合国 2030 年可持续发展议程》减贫目标。

中国是世界上最大的发展中国家，走的是和平发展、开放发展、合作发展、共同发展的道路。我们永远不称霸，不扩张，不谋求势力范围，无意跟任何国家打冷战热战，坚持以对话弥合分歧，以谈判化解争端。我们不追求一枝独秀，不搞你输我赢，也不会关起门来封闭运行，将逐步形成以国内大循环为主体、国内国际双循环相互促进的新发展格局，为中国经济发展开辟空间，为世界经济复苏和增长增添动力。

中国将继续做世界和平的建设者、全球发展的贡献者、国际秩序的维护者。为支持联合国在国际事务中发挥核心作用，我宣布：

——中国将向联合国新冠肺炎疫情全球人道主义应对计划再提供 5000 万美元支持；

——中国将设立规模 5000 万美元的第三期中国－联合国粮农组织南南合作信托基金；

——中国－联合国和平与发展基金将在 2025 年到期后延期 5 年；

——中国将设立联合国全球地理信息知识与创新中心和可持续发展大数据国际研究中心，为落实《联合国 2030 年可持续发展议程》提供新助力。

主席先生，各位同事！

历史接力棒已经传到我们这一代人手中，我们必须作出无愧于人民、无愧于历史的抉择。让我们团结起来，坚守和平、发展、公平、正义、民主、自由的全人类共同价值，推动构建新型国际关系，推动构建人类命运共同体，共同创造世界更加美好的未来！

附录4 《继往开来，开启全球应对气候变化新征程——在气候雄心峰会上的讲话》①

（2020 年 12 月 12 日，北京）

中华人民共和国主席　习近平

尊敬的古特雷斯秘书长先生，尊敬的各位同事：

很高兴出席今天的气候雄心峰会。5 年前，各国领导人以最大的政治决心和智慧推动达成应对气候变化《巴黎协定》。5 年来，《巴黎协定》进入实施阶段，得到国际社会广泛支持和参与。当前，国际格局加速演变，新冠肺炎疫情触发对人与自然关系的深刻反思，全球气候治理的未来更受关注。在此，我提 3 点倡议。

---

① 《继往开来，开启全球应对气候变化新征程——在气候雄心峰会上的讲话》，中央人民政府网，http://www.gov.cn/gongbao/content/2020/content_5570055.htm。

第一，团结一心，开创合作共赢的气候治理新局面。在气候变化挑战面前，人类命运与共，单边主义没有出路。我们只有坚持多边主义，讲团结、促合作，才能互利共赢，福泽各国人民。中方欢迎各国支持《巴黎协定》、为应对气候变化作出更大贡献。

第二，提振雄心，形成各尽所能的气候治理新体系。各国应该遵循共同但有区别的责任原则，根据国情和能力，最大程度强化行动。同时，发达国家要切实加大向发展中国家提供资金、技术、能力建设支持。

第三，增强信心，坚持绿色复苏的气候治理新思路。绿水青山就是金山银山。要大力倡导绿色低碳的生产生活方式，从绿色发展中寻找发展的机遇和动力。

中国为达成应对气候变化《巴黎协定》作出重要贡献，也是落实《巴黎协定》的积极践行者。今年9月，我宣布中国将提高国家自主贡献力度，采取更加有力的政策和措施，力争2030年前二氧化碳排放达到峰值，努力争取2060年前实现碳中和。

在此，我愿进一步宣布：到2030年，中国单位国内生产总值二氧化碳排放将比2005年下降65%以上，非化石能源占一次能源消费比重将达到25%左右，森林蓄积量将比2005年增加60亿立方米，风电、太阳能发电总装机容量将达到12亿千瓦以上。

中国历来重信守诺，将以新发展理念为引领，在推动高质量发展中促进经济社会发展全面绿色转型，脚踏实地落实上述目标，为全球应对气候变化作出更大贡献。

各位同事！

"天不言而四时行，地不语而百物生。"地球是人类共同的、唯一的家园。让我们继往开来、并肩前行，助力《巴黎协定》行稳致远，开启全球应对气候变化新征程！

谢谢大家。

附录5 《关于引导加大金融支持力度 促进风电和光伏发电等行业健康有序发展的通知》[①]

发改运行〔2021〕266号

各省、自治区、直辖市、新疆生产建设兵团发展改革委、财政厅（局），人民银行上海总部、各分行、营业管理部、各省会（首府）城市中心支行、副省级城市中心支行，各银保监局，能源局：

近年来，各地和有关企业坚持以习近平新时代中国特色社会主义思想为指导，全面贯彻党的十九大和十九届二中、三中、四中、五中全会精神，认真落实"四个革命、一个合作"能源安全新战略，推动我国风电、光伏发电等行业快速发展。与此同时，部分

[①] 《关于引导加大金融支持力度 促进风电和光伏发电等行业健康有序发展的通知》，国家发改委网站，https://www.ndrc.gov.cn/xxgk/zcfb/tz/202103/t20210312_1269410.html。

《关于引导加大金融支持力度　促进风电和光伏发电等行业健康有序发展的通知》

可再生能源企业受多方面因素影响，现金流紧张，生产经营出现困难。为加大金融支持力度，促进风电和光伏发电等行业健康有序发展，现就有关事项通知如下：

一、充分认识风电和光伏发电等行业健康有序发展的重要意义。大力发展可再生能源是推动绿色低碳发展、加快生态文明建设的重要支撑，是应对气候变化、履行我国国际承诺的重要举措，我国实现 2030 年前碳排放达峰和努力争取 2060 年前碳中和的目标任务艰巨，需要进一步加快发展风电、光伏发电、生物质发电等可再生能源。采取措施缓解可再生能源企业困难，促进可再生能源良性发展，是实现应对气候变化目标，更好履行我国对外庄重承诺的必要举措。各地政府主管部门、有关金融机构要充分认识发展可再生能源的重要意义，合力帮助企业渡过难关，支持风电、光伏发电、生物质发电等行业健康有序发展。

二、金融机构按照商业化原则与可再生能源企业协商展期或续贷。对短期偿付压力较大但未来有发展前景的可再生能源企业，金融机构可以按照风险可控原则，在银企双方自主协商的基础上，根据项目实际和预期现金流，予以贷款展期、续贷或调整还款进度、期限等安排。

三、金融机构按照市场化、法治化原则自主发放补贴确权贷款。已纳入补贴清单的可再生能源项目所在企业，对已确权应收未收的财政补贴资金，可申请补贴确权贷款。金融机构以审核公布补贴清单和企业应收未收补贴证明材料等为增信手段，按照市场化、法治化原则，以企业已确权应收未收的财政补贴资金为上限自主确定贷款金额。申请贷款时，企业需提供确权证明等材料作为凭证和抵押依据。

四、对补贴确权贷款给予合理支持。各类银行金融机构均可在依法合规前提下向具备条件的可再生能源企业在规定的额度内发放补贴确权贷款，鼓励可再生能源企业优先与既有开户银行沟通合作。相关可再生能源企业结合自身情况和资金压力自行确定是否申请补贴确权贷款，相关银行根据与可再生能源企业沟通情况和风险评估等自行确定是否发放补贴确权贷款。贷款金额、贷款年限、贷款利率等均由双方自主协商。

五、补贴资金在贷款行定点开户管理。充分考虑银行贷款的安全性，降低银行运行风险，建立封闭还贷制度，即企业当年实际获得的补贴资金直接由电网企业拨付给企业还贷专用账户，不经过企业周转。可再生能源企业与银行达成合作意向的，企业需在银行开设补贴确权贷款专户，作为补贴资金封闭还贷的专用账户。

六、通过核发绿色电力证书方式适当弥补企业分担的利息成本。补贴确权贷款的利息由贷款的可再生能源企业自行承担，利率及利息偿还方式由企业和银行自行协商。为缓解企业承担的利息成本压力，国家相关部门研究以企业备案的贷款合同等材料为依据，以已确权应收未收财政补贴、贷款金额、贷款利率等信息为参考，向企业核发相应规模的绿色电力证书，允许企业通过指标交易市场进行买卖。在指标交易市场的收益大于利息支出的部分，作为企业的合理收益留存企业。

七、足额征收可再生能源电价附加。为保证可再生能源补贴资金来源，各相关电力用户需严格按照国家规定承担并足额缴纳依法合规设立的可再生能源电价附加，各级地方政府不得随意减免或选择性征收。各燃煤自备电厂应认真配合相关部门开展可再生能源电价附加拖欠情况核查工作，并限期补缴拖欠的金额。

八、优先发放补贴和进一步加大信贷支持力度。企业结合实际情况自愿选择是否主动转为平价项目，对于自愿转为平价项目的，可优先拨付资金，贷款额度和贷款利率可自主协商确定。

九、试点先行。基础条件好、积极性高的地方，以及资金需求特别迫切的企业可先行开展试点，积极落实国家政策，并在国家确定的总体工作方案基础上探索解决可再生能源补贴问题的有效做法。鼓励开展试点的地方和企业结合自身实际进一步开拓创新，研究新思路和新方法，使政府、银行、企业等有关方面更好的形成合力，提高工作积极性。对于试点地方和企业的好经验好做法，国家将积极向全国推广。

十、增强责任感，防范化解风险。各银行和有关金融机构要充分认识可再生能源行业对我国生态文明建设和履行国际承诺的重要意义，树立大局意识，增强责任感，帮助企业有效化解生产经营和金融安全风险，促进可再生能源行业健康有序发展。

附录6 《国家发展改革委　国家能源局关于推进电力源网荷储一体化和多能互补发展的指导意见》[①]

发改能源规〔2021〕280号

各省、自治区、直辖市、新疆生产建设兵团发展改革委、能源局，国家能源局各派出机构：

为实现"二氧化碳排放力争于2030年前达到峰值，努力争取2060年前实现碳中和"的目标，着力构建清洁低碳、安全高效的能源体系，提升能源清洁利用水平和电力系统运行效率，贯彻新发展理念，更好地发挥源网荷储一体化和多能互补在保障能源安全中

[①] 《国家发展改革委　国家能源局关于推进电力源网荷储一体化和多能互补发展的指导意见》，国家发改委网站，https://www.ndrc.gov.cn/xxgk/zcfb/ghxwj/202103/t20210305_1269046.html。

的作用，积极探索其实施路径，现提出以下意见：

一、重要意义

源网荷储一体化和多能互补发展是电力行业坚持系统观念的内在要求，是实现电力系统高质量发展的客观需要，是提升可再生能源开发消纳水平和非化石能源消费比重的必然选择，对于促进我国能源转型和经济社会发展具有重要意义。

（一）有利于提升电力发展质量和效益。强化源网荷储各环节间协调互动，充分挖掘系统灵活性调节能力和需求侧资源，有利于各类资源的协调开发和科学配置，提升系统运行效率和电源开发综合效益，构建多元供能智慧保障体系。

（二）有利于全面推进生态文明建设。优先利用清洁能源资源、充分发挥常规电站调节性能、适度配置储能设施、调动需求侧灵活响应积极性，有利于加快能源转型，促进能源领域与生态环境协调可持续发展。

（三）有利于促进区域协调发展。发挥跨区源网荷储协调互济作用，扩大电力资源配置规模，有利于推进西部大开发形成新格局，改善东部地区环境质量，提升可再生能源电量消费比重。

二、总体要求

（一）指导思想。

以习近平新时代中国特色社会主义思想为指导，全面贯彻党的十九大和十九届二中、三中、四中、五中全会精神，落实"四个革命、一个合作"能源安全新战略，将源网荷储一体化和多能互补作为电力工业高质量发展的重要举措，积极构建清洁低碳安全高效的新型电力系统，促进能源行业转型升级。

（二）基本原则。

绿色优先，协调互济。遵循电力系统发展客观规律，坚守安全底线，充分发挥源网荷储协调互济能力，优先可再生能源开发利用，结合需求侧负荷特性、电源结构和电网调节能力，因地制宜确定电源合理规模与配比，促进能源转型和绿色发展。

提升存量，优化增量。通过提高存量电源调节能力、输电通道利用水平、电力需求响应能力，重点提升存量电力设备利用效率；在资源条件较好、互补特性较优、需求市场较大的送受端，合理优化增量规模、结构与布局。

市场驱动，政策支持。使市场在资源配置中起决定性作用，更好发挥政府作用，破除市场壁垒，依靠技术进步、效率提高、成本降低，加强引导扶持，建立健全相关政策体系，不断提升产业竞争力。

（三）源网荷储一体化实施路径。

通过优化整合本地电源侧、电网侧、负荷侧资源，以先进技术突破和体制机制创新为支撑，探索构建源网荷储高度融合的新型电力系统发展路径，主要包括区域（省）级、市（县）级、园区（居民区）级"源网荷储一体化"等具体模式。

充分发挥负荷侧的调节能力。依托"云大物移智链"等技术，进一步加强源网荷储多向互动，通过虚拟电厂等一体化聚合模式，参与电力中长期、辅助服务、现货等市场交易，为系统提供调节支撑能力。

实现就地就近、灵活坚强发展。增加本地电源支撑，调动负荷响应能力，降低对大电网的调节支撑需求，提高电力设施利用效率。通过坚强局部电网建设，提升重要负荷中心应急保障和风险防御能力。

激发市场活力，引导市场预期。主要通过完善市场化电价机制，调动市场主体积极性，引导电源侧、电网侧、负荷侧和独立储能等主动作为、合理布局、优化运行，实现科学健康发展。

（四）多能互补实施路径。

利用存量常规电源，合理配置储能，统筹各类电源规划、设计、建设、运营，优先发展新能源，积极实施存量"风光水火储一体化"提升，稳妥推进增量"风光水（储）一体化"，探索增量"风光储一体化"，严控增量"风光火（储）一体化"。

强化电源侧灵活调节作用。充分发挥流域梯级水电站、具有较强调节性能水电站、火电机组、储能设施的调节能力，减轻送受端系统的调峰压力，力争各类可再生能源综合利用率保持在合理水平。

优化各类电源规模配比。在确保安全的前提下，最大化利用清洁能源，稳步提升输电通道输送可再生能源电量比重。

确保电源基地送电可持续性。统筹优化近期开发外送规模与远期自用需求，在确保中长期近区电力自足的前提下，明确近期可持续外送规模，超前谋划好远期电力接续。

三、推进源网荷储一体化，提升保障能力和利用效率

（一）区域（省）级源网荷储一体化。依托区域（省）级电力辅助服务、中长期和现货市场等体系建设，公平无歧视引入电源侧、负荷侧、独立电储能等市场主体，全面放开市场化交易，通过

价格信号引导各类市场主体灵活调节、多向互动，推动建立市场化交易用户参与承担辅助服务的市场交易机制，培育用户负荷管理能力，提高用户侧调峰积极性。依托 5G 等现代信息通讯及智能化技术，加强全网统一调度，研究建立源网荷储灵活高效互动的电力运行与市场体系，充分发挥区域电网的调节作用，落实电源、电力用户、储能、虚拟电厂参与市场机制。

（二）市（县）级源网荷储一体化。在重点城市开展源网荷储一体化坚强局部电网建设，梳理城市重要负荷，研究局部电网结构加强方案，提出保障电源以及自备应急电源配置方案。结合清洁取暖和清洁能源消纳工作开展市（县）级源网荷储一体化示范，研究热电联产机组、新能源电站、灵活运行电热负荷一体化运营方案。

（三）园区（居民区）级源网荷储一体化。以现代信息通讯、大数据、人工智能、储能等新技术为依托，运用"互联网＋"新模式，调动负荷侧调节响应能力。在城市商业区、综合体、居民区，依托光伏发电、并网型微电网和充电基础设施等，开展分布式发电与电动汽车（用户储能）灵活充放电相结合的园区（居民区）级源网荷储一体化建设。在工业负荷大、新能源条件好的地区，支持分布式电源开发建设和就近接入消纳，结合增量配电网等工作，开展源网荷储一体化绿色供电园区建设。研究源网荷储综合优化配置方案，提高系统平衡能力。

四、推进多能互补，提升可再生能源消纳水平

（一）风光储一体化。对于存量新能源项目，结合新能源特性、受端系统消纳空间，研究论证增加储能设施的必要性和可行性。对

于增量风光储一体化，优化配套储能规模，充分发挥配套储能调峰、调频作用，最小化风光储综合发电成本，提升综合竞争力。

（二）风光水（储）一体化。对于存量水电项目，结合送端水电出力特性、新能源特性、受端系统消纳空间，研究论证优先利用水电调节性能消纳近区风光电力、因地制宜增加储能设施的必要性和可行性，鼓励通过龙头电站建设优化出力特性，实现就近打捆。对于增量风光水（储）一体化，按照国家及地方相关环保政策、生态红线、水资源利用政策要求，严控中小水电建设规模，以大中型水电为基础，统筹汇集送端新能源电力，优化配套储能规模。

（三）风光火（储）一体化。对于存量煤电项目，优先通过灵活性改造提升调节能力，结合送端近区新能源开发条件和出力特性、受端系统消纳空间，努力扩大就近打捆新能源电力规模。对于增量基地化开发外送项目，基于电网输送能力，合理发挥新能源地域互补优势，优先汇集近区新能源电力，优化配套储能规模；在不影响电力（热力）供应前提下，充分利用近区现役及已纳入国家电力发展规划煤电项目，严控新增煤电需求；外送输电通道可再生能源电量比例原则上不低于50%，优先规划建设比例更高的通道；落实国家及地方相关环保政策、生态红线、水资源利用等政策要求，按规定取得规划环评和规划水资源论证审查意见。对于增量就地开发消纳项目，在充分评估当地资源条件和消纳能力的基础上，优先利用新能源电力。

五、完善政策措施

（一）加强组织领导。以电力系统安全稳定为基础、以市场消纳为导向，按照局部利益服从整体利益原则，发挥国家能源主管部门的统筹协调作用，加强源网荷储一体化和多能互补项目规划与国家和地方电力发展规划、可再生能源规划等的衔接，推动项目有序实施。在组织评估论证和充分征求国家能源局派出机构、送受端能源主管部门和电力企业意见基础上，按照"试点先行，逐步推广"原则，通过国家电力发展规划编制、年度微调、中期滚动调整，将具备条件的项目优先纳入国家电力发展规划。

（二）落实主体责任。各省级能源主管部门是组织推进源网荷储一体化和多能互补项目的责任主体，应会同国家能源局派出机构积极组织相关电源、电网、用电企业及咨询机构开展项目及实施方案的分类组织、研究论证、评估筛选、编制报送、建设实施等工作。对于跨省区开发消纳项目，相关能源主管部门应在符合国家总体能源格局和电力流向基础上，经充分协商达成初步意向，会同国家能源局派出机构组织开展实施方案研究并行文上报国家能源主管部门。各地必须严格落实国家电力发展规划，坚决防止借机扩张化石电源规模、加剧电力供需和可再生能源消纳矛盾，确保符合绿色低碳发展方向。

（三）建立协调机制。各投资主体应加强源网荷储统筹协调，积极参与相关规划研究，共同推进项目前期工作，实现规划一体化；协调各电力项目建设进度，确保同步建设、同期投运，推动建设实施一体化。国家能源局派出机构负责牵头建立所在区域的源网荷储一体化和多能互补项目协调运营和利益共享机制，进一步深化电力辅助服务市场、中长期交易等市场化机制建设，发挥协同互补效益，充分挖掘常规电源、储能、用户负荷等各方调节能力，提升可再生能源消纳水平，实现项目运行调节和管理规范的一体化。

（四）守住安全底线。坚持底线思维，统筹发展和安全，在推进相关项目过程中，有效防范化解各类安全风险，通过合理配置不同电源类型，研究电力系统源网荷储各环节的安全共治机制，探索新型电力系统安全治理手段，保障新能源安全消纳，为我国全面实现绿色低碳转型构筑坚强的安全屏障。

（五）完善支持政策。源网荷储一体化和多能互补项目中的新能源发电项目应落实国家可再生能源发电项目管理政策，在国家和地方可再生能源规划实施方案中统筹安排；鼓励具备条件地区统一组织推进相关项目建设，支持参与跨省区电力市场化交易、增量配电改革及分布式发电市场化交易。

（六）鼓励社会投资。降低准入门槛，营造权利平等、机会平等、规则平等的投资环境。在符合电力项目相关投资政策和管理办法基础上，鼓励社会资本等各类投资主体投资各类电源、储能及增量配电网项目，或通过资本合作等方式建立联合体参与项目投资开发建设。

（七）加强监督管理。国家能源局派出机构应加强对相关项目事中事后监管，全过程监管项目规划编制、核准、建设、并网和调度运行、市场化交易、电费结算及价格财税扶持政策等，并提出针对性监管意见，推动源网荷储一体化和多能互补项目的有效实施和可持续发展。

本指导意见由国家发展改革委、国家能源局负责解释，自印发之日起施行，有效期 5 年。

附录7 《关于促进应对气候变化投融资的指导意见》[①]

环气候〔2020〕57号

各省、自治区、直辖市生态环境厅（局）、发展改革委，新疆生产建设兵团生态环境局、发展改革委；中国人民银行上海总部，各分行、营业管理部，各省会（首府）城市中心支行，各副省级城市中心支行；各银保监局；各证监局；各政策性银行、大型银行、股份制银行：

为全面贯彻落实党中央、国务院关于积极应对气候变化的一系列重大决策部署，更好发挥投融资对应对气候变化的支撑作用，对落实国家自主贡献目标的促进作用，对绿色低碳发展的助推作用，现提出如下意见。

[①] 《关于促进应对气候变化投融资的指导意见》，生态环境部网站，https://www.mee.gov.cn/xxgk2018/xxgk/xxgk03/202010/t20201026_804792.html。

一、总体要求

（一）指导思想

以习近平新时代中国特色社会主义思想为指导，全面贯彻党的十九大和十九届二中、三中、四中全会精神，深入贯彻习近平生态文明思想和全国生态环境保护大会精神，坚持新发展理念，统筹推进"五位一体"总体布局和协调推进"四个全面"战略布局，坚定不移实施积极应对气候变化国家战略。以实现国家自主贡献目标和低碳发展目标为导向，以政策标准体系为支撑，以模式创新和地方实践为路径，大力推进应对气候变化投融资（以下简称气候投融资）发展，引导和撬动更多社会资金进入应对气候变化领域，进一步激发潜力、开拓市场，推动形成减缓和适应气候变化的能源结构、产业结构、生产方式和生活方式。

（二）基本原则

坚持目标引领。紧扣国家自主贡献目标和低碳发展目标，促进投融资活动更好地为碳排放强度下降、碳排放达峰、提高非化石能源占比、增加森林蓄积量等目标、政策和行动服务。

坚持市场导向。充分发挥市场在气候投融资中的决定性作用，更好发挥政府引导作用，有效发挥金融机构和企业在模式、机制、金融工具等方面的创新主体作用。

坚持分类施策。充分考虑地方实际情况，实施差异化的气候投融资发展路径和模式。积极营造有利于气候投融资发展的政策环境，推动形成可复制、可推广的气候投融资的先进经验和最佳实践。

坚持开放合作。以开放促发展、以合作促协同，推动气候投融资积极融入"一带一路"建设,积极参与气候投融资国际标准的制订和修订,推动中国标准在境外投资建设中的应用。

（三）主要目标

到 2022 年,营造有利于气候投融资发展的政策环境,气候投融资相关标准建设有序推进,气候投融资地方试点启动并初见成效,气候投融资专业研究机构不断壮大,对外合作务实深入,资金、人才、技术等各类要素资源向气候投融资领域初步聚集。

到 2025 年,促进应对气候变化政策与投资、金融、产业、能源和环境等各领域政策协同高效推进,气候投融资政策和标准体系逐步完善,基本形成气候投融资地方试点、综合示范、项目开发、机构响应、广泛参与的系统布局,引领构建具有国际影响力的气候投融资合作平台,投入应对气候变化领域的资金规模明显增加。

（四）定义和支持范围

气候投融资是指为实现国家自主贡献目标和低碳发展目标,引导和促进更多资金投向应对气候变化领域的投资和融资活动,是绿色金融的重要组成部分。支持范围包括减缓和适应两个方面。

1.减缓气候变化。包括调整产业结构,积极发展战略性新兴产业;优化能源结构,大力发展非化石能源;开展碳捕集、利用与封存试点示范;控制工业、农业、废弃物处理等非能源活动温室气体排放;增加森林、草原及其他碳汇等。

2.适应气候变化。包括提高农业、水资源、林业和生态系统、海洋、气象、防灾减灾救灾等重点领域适应能力;加强适应基础能力建设,加快基础设施建设、提高科技能力等。

二、加快构建气候投融资政策体系

（一）强化环境经济政策引导

推动形成积极应对气候变化的环境经济政策框架体系，充分发挥环境经济政策对于应对气候变化工作的引导作用。加快建立国家气候投融资项目库，挖掘高质量的低碳项目。推动建立低碳项目资金需求方和供给方的对接平台，加强低碳领域的产融合作。研究制定符合低碳发展要求的产品和服务需求标准指引，推动低碳采购和消费，不断培育市场和扩大需求。

（二）强化金融政策支持

完善金融监管政策，推动金融市场发展，支持和激励各类金融机构开发气候友好型的绿色金融产品。鼓励金融机构结合自身职能定位、发展战略、风险偏好等因素，在风险可控、商业可持续的前提下，对重大气候项目提供有效的金融支持。支持符合条件的气候友好型企业通过资本市场进行融资和再融资。鼓励通过市场化方式推动小微企业和社会公众参与应对气候变化行动。有效防范和化解气候投融资风险。

（三）强化各类政策协同

明确主管部门责权，完善部门协调机制，将气候变化因素纳入宏观和行业部门产业政策制定中，形成政策合力。加快推动气候投融资相关政策与实现国家应对气候变化和低碳发展中长期战略目标及国家自主贡献间的系统性响应，加强气候投融资与绿色金融的政策协调配合。

三、逐步完善气候投融资标准体系

（一）统筹推进标准体系建设

充分发挥标准对气候投融资活动的预期引导和倒逼促进作用，加快构建需求引领、创新驱动、统筹协调、注重实效的气候投融资标准体系。气候投融资标准与绿色金融标准要协调一致，便利标准使用与推广。推动气候投融资标准国际化。

（二）制订气候项目标准

以应对气候变化效益为衡量指标，与现有相关技术标准体系和《绿色产业指导目录（2019 年版）》等相衔接，研究探索通过制订气候项目技术标准、发布重点支持气候项目目录等方式支持气候项目投融资。推动建立气候项目界定的第三方认证体系，鼓励对相关金融产品和服务开展第三方认证。

（三）完善气候信息披露标准

加快制订气候投融资项目、主体和资金的信息披露标准，推动建立企业公开承诺、信息依法公示、社会广泛监督的气候信息披露制度。明确气候投融资相关政策边界，推动气候投融资统计指标研究，鼓励建立气候投融资统计监测平台，集中管理和使用相关信息。

（四）建立气候绩效评价标准

鼓励信用评级机构将环境、社会和治理等因素纳入评级方法，以引导资本流向应对气候变化等可持续发展领域。鼓励对金融机构、企业和各地区的应对气候变化表现进行科学评价和社会监督。

四、鼓励和引导民间投资与外资进入气候投融资领域

（一）激发社会资本的动力和活力

强化对撬动市场资金投向气候领域的引导机制和模式设计，支持在气候投融资中通过多种形式有效拉动和撬动社会资本，鼓励"政银担""政银保""银行贷款＋风险保障补偿金""税融通"等合作模式，依法建立损失分担、风险补偿、担保增信等机制，规范推进政府和社会资本合作（PPP）项目。

（二）充分发挥碳排放权交易机制的激励和约束作用

稳步推进碳排放权交易市场机制建设，不断完善碳资产的会计确认和计量，建立健全碳排放权交易市场风险管控机制，逐步扩大交易主体范围，适时增加符合交易规则的投资机构和个人参与碳排放权交易。在风险可控的前提下，支持机构及资本积极开发与碳排放权相关的金融产品和服务，有序探索运营碳期货等衍生产品和业务。探索设立以碳减排量为项目效益量化标准的市场化碳金融投资基金。鼓励企业和机构在投资活动中充分考量未来市场碳价格带来的影响。

（三）引进国际资金和境外投资者

进一步加强与国际金融机构和外资企业在气候投融资领域的务实合作，积极借鉴国际良好实践和金融创新。支持境内符合条件的绿色金融资产跨境转让，支持离岸市场不断丰富人民币绿色金融产品及交易，不断促进气候投融资便利化。支持我国金融机构和企业到境外进行气候融资，积极探索通过主权担保为境外融资增信，支持建立人民币绿色海外投贷基金。支持和引导合格的境外机构投

者参与中国境内的气候投融资活动，鼓励境外机构到境内发行绿色金融债券，鼓励境外投资者更多投资持有境内人民币绿色金融资产，鼓励使用人民币作为相关活动的跨境结算货币。

五、引导和支持气候投融资地方实践

（一）开展气候投融资地方试点

按照国务院关于区域金融改革工作的部署，积极支持绿色金融区域试点工作。选择实施意愿强、基础条件较优、具有带动作用和典型性的地方，开展以投资政策指导、强化金融支持为重点的气候投融资试点。

（二）营造有利的地方政策环境

鼓励地方加强财政投入支持，不断完善气候投融资配套政策。支持地方制定投资负面清单抑制高碳投资，创新激励约束机制推动企业减排，发挥碳排放标准预期引领和倒逼促进作用，指导各地做好气候项目的储备，进一步完善资金安排的联动机制，为利用多种渠道融资提供良好条件，带动低碳产业发展。

（三）鼓励地方开展模式和工具创新

鼓励地方围绕应对气候变化工作目标和重点任务，结合本地实际，探索差异化的投融资模式、组织形式、服务方式和管理制度创新。鼓励银行业金融机构和保险公司设立特色支行（部门），或将气候投融资作为绿色支行（部门）的重要内容。鼓励地方建立区域性气候投融资产业促进中心。支持地方与国际金融机构和外资机构开展气候投融资合作。

六、深化气候投融资国际合作

积极推动双边和多边的气候投融资务实合作，在重点国家和地区开展第三方市场合作。鼓励金融机构支持"一带一路"和"南南合作"的低碳化建设，推动气候减缓和适应项目在境外落地。规范金融机构和企业在境外的投融资活动，推动其积极履行社会责任，有效防范和化解气候风险。积极开展气候投融资标准的研究和国际合作，推动中国标准在境外投资建设中的应用。

七、强化组织实施

各地有关部门要高度重视气候投融资工作，加强沟通协调，形成工作合力。生态环境部会同发展改革委、人民银行、银保监会、证监会等部门建立工作协调机制，密切合作、协同推进气候投融资工作。有关部门要依据职责明确分工，进一步细化目标任务和政策措施，确保本意见确定的各项任务及时落地见效。

附录 8 《关于统筹和加强应对气候变化与生态环境保护相关工作的指导意见》[①]

环综合〔2021〕4 号

各省、自治区、直辖市生态环境厅（局），新疆生产建设兵团生态环境局：

气候变化是当今人类面临的重大全球性挑战。积极应对气候变化是我国实现可持续发展的内在要求，是加强生态文明建设、实现美丽中国目标的重要抓手，是我国履行负责任大国责任、推动构建人类命运共同体的重大历史担当。习近平总书记在第七十五届联合国大会一般性辩论上宣布我国力争于 2030 年前二氧化碳排放达到

[①] 《关于统筹和加强应对气候变化与生态环境保护相关工作的指导意见》，生态环境部网站，https://www.mee.gov.cn/xxgk2018/xxgk/xxgk03/202101/t20210113817221.html。

峰值的目标与努力争取于 2060 年前实现碳中和的愿景，并在气候雄心峰会上进一步宣布国家自主贡献最新举措。为坚决贯彻落实习近平总书记重大宣示，坚定不移实施积极应对气候变化国家战略，更好履行应对气候变化牵头部门职责，加快补齐认知水平、政策工具、手段措施、基础能力等方面短板，促进应对气候变化与环境治理、生态保护修复等协同增效，现就统筹和加强应对气候变化与生态环境保护相关工作提出如下意见。

一、总体要求

（一）指导思想

以习近平新时代中国特色社会主义思想为指导，全面贯彻党的十九大和十九届二中、三中、四中、五中全会精神，深入贯彻习近平生态文明思想，坚定不移贯彻新发展理念，以推动高质量发展为主题，以二氧化碳排放达峰目标与碳中和愿景为牵引，以协同增效为着力点，坚持系统观念，全面加强应对气候变化与生态环境保护相关工作统筹融合，增强应对气候变化整体合力，推进生态环境治理体系和治理能力现代化，推动生态文明建设实现新进步，为建设美丽中国、共建美丽世界作出积极贡献。

（二）基本原则

坚持目标导向。围绕落实二氧化碳排放达峰目标与碳中和愿景，统筹推进应对气候变化与生态环境保护相关工作，加强顶层设计，着力解决与新形势新任务新要求不相适应的问题，协同推动经济高质量发展和生态环境高水平保护。

强化统筹协调。应对气候变化与生态环境保护相关工作统一谋划、统一布置、统一实施、统一检查，建立健全统筹融合的战略、规划、政策和行动体系。

突出协同增效。把降碳作为源头治理的"牛鼻子"，协同控制温室气体与污染物排放，协同推进适应气候变化与生态保护修复等工作，支撑深入打好污染防治攻坚战和二氧化碳排放达峰行动。

（三）主要目标

"十四五"期间，应对气候变化与生态环境保护相关工作统筹融合的格局总体形成，协同优化高效的工作体系基本建立，在统一政策规划标准制定、统一监测评估、统一监督执法、统一督察问责等方面取得关键进展，气候治理能力明显提升。

到 2030 年前，应对气候变化与生态环境保护相关工作整体合力充分发挥，生态环境治理体系和治理能力稳步提升，为实现二氧化碳排放达峰目标与碳中和愿景提供支撑，助力美丽中国建设。

二、注重系统谋划，推动战略规划统筹融合

（四）加强宏观战略统筹。将应对气候变化作为美丽中国建设重要组成部分，作为环保参与宏观经济治理的重要抓手。充分衔接能源生产和消费革命等重大战略和规划，统筹做好《建设美丽中国长期规划》和《国家适应气候变化战略 2035》编制等相关工作，系统谋划中长期生态环境保护重大战略。

（五）加强规划有机衔接。科学编制应对气候变化专项规划，将应对气候变化目标任务全面融入生态环境保护规划，统筹谋划有利于推动经济、能源、产业等绿色低碳转型发展的政策举措和重大工程，在有关省份实施二氧化碳排放强度和总量"双控"。

污染防治、生态保护、核安全等专项规划要体现绿色发展和气候友好理念，协同推进结构调整和布局优化、温室气体排放控制以及适应气候变化能力提升等相关目标任务。推动将应对气候变化要求融入国民经济和社会发展规划，以及能源、产业、基础设施等重点领域规划。

（六）全力推进达峰行动。抓紧制定 2030 年前二氧化碳排放达峰行动方案，综合运用相关政策工具和手段措施，持续推动实施。各地要结合实际提出积极明确的达峰目标，制定达峰实施方案和配套措施。鼓励能源、工业、交通、建筑等重点领域制定达峰专项方案。推动钢铁、建材、有色、化工、石化、电力、煤炭等重点行业提出明确的达峰目标并制定达峰行动方案。加快全国碳排放权交易市场制度建设、系统建设和基础能力建设，以发电行业为突破口率先在全国上线交易，逐步扩大市场覆盖范围，推动区域碳排放权交易试点向全国碳市场过渡，充分利用市场机制控制和减少温室气体排放。

三、突出协同增效，推动政策法规统筹融合

（七）协调推动有关法律法规制修订。把应对气候变化作为生态环境保护法治建设的重点领域，加快推动应对气候变化相关立法，推动碳排放权交易管理条例出台与实施。在生态环境保护、资源能源利用、国土空间开发、城乡规划建设等领域法律法规制修订过程中，推动增加应对气候变化相关内容。鼓励有条件的地方在应对气候变化领域制定地方性法规。

（八）推动标准体系统筹融合。加强应对气候变化标准制修订，

构建由碳减排量评估与绩效评价标准、低碳评价标准、排放核算报告与核查等管理技术规范，以及相关生态环境基础标准等组成的应对气候变化标准体系框架，完善和拓展生态环境标准体系。探索开展移动源大气污染物和温室气体排放协同控制相关标准研究。

（九）推动环境经济政策统筹融合。加快形成积极应对气候变化的环境经济政策框架体系，以应对气候变化效益为重要衡量指标，推动气候投融资与绿色金融政策协调配合，加快推进气候投融资发展，建设国家自主贡献重点项目库，开展气候投融资地方试点，引导和支持气候投融资地方实践。推动将全国碳排放权交易市场重点排放单位数据报送、配额清缴履约等实施情况作为企业环境信息依法披露内容，有关违法违规信息记入企业环保信用信息。

（十）推动实现减污降碳协同效应。优先选择化石能源替代、原料工艺优化、产业结构升级等源头治理措施，严格控制高耗能、高排放项目建设。加大交通运输结构优化调整力度，推动"公转铁""公转水"和多式联运，推广节能和新能源车辆。加强畜禽养殖废弃物污染治理和综合利用，强化污水、垃圾等集中处置设施环境管理，协同控制甲烷、氧化亚氮等温室气体。鼓励各地积极探索协同控制温室气体和污染物排放的创新举措和有效机制。

（十一）协同推动适应气候变化与生态保护修复。重视运用基于自然的解决方案减缓和适应气候变化，协同推进生物多样性保护、山水林田湖草系统治理等相关工作，增强适应气候变化能力，提升生态系统质量和稳定性。积极推进陆地生态系统、水资源、海洋及海岸带等生态保护修复与适应气候变化协同增效，协调推动农业、林业、水利等领域以及城市、沿海、生态脆弱地区开展气候变化影响风险评估,实施适应气候变化行动,提升重点领域和地区的气候韧性。

四、打牢基础支撑,推动制度体系统筹融合

(十二)推动统计调查统筹融合。在环境统计工作中协同开展温室气体排放相关调查,完善应对气候变化统计报表制度,加强消耗臭氧层物质与含氟气体生产、使用及进出口专项统计调查。健全国家及地方温室气体清单编制工作机制,完善国家、地方、企业、项目碳排放核算及核查体系。研究将应对气候变化有关管理指标作为生态环境管理统计调查内容。推动建立常态化的应对气候变化基础数据获取渠道和部门会商机制,加强与能源消费统计工作的协调,提高数据时效性。加强高耗能、高排放项目信息共享。生态环境状况公报进一步扩展应对气候变化内容,探索建立国家应对气候变化公报制度。

(十三)推动评价管理统筹融合。将应对气候变化要求纳入"三线一单"(生态保护红线、环境质量底线、资源利用上线和生态环境准入清单)生态环境分区管控体系,通过规划环评、项目环评推动区域、行业和企业落实煤炭消费削减替代、温室气体排放控制等政策要求,推动将气候变化影响纳入环境影响评价。组织开展重点行业温室气体排放与排污许可管理相关试点研究,加快全国排污许可证管理信息平台功能改造升级,推进企事业单位污染物和温室气体排放相关数据的统一采集、相互补充、交叉校核。

(十四)推动监测体系统筹融合。加强温室气体监测,逐步纳入生态环境监测体系统筹实施。在重点排放点源层面,试点开展石

油天然气、煤炭开采等重点行业甲烷排放监测。在区域层面，探索大尺度区域甲烷、氢氟碳化物、六氟化硫、全氟化碳等非二氧化碳温室气体排放监测。在全国层面，探索通过卫星遥感等手段，监测土地利用类型、分布与变化情况和土地覆盖（植被）类型与分布，支撑国家温室气体清单编制工作。

（十五）推动监管执法统筹融合。加强全国碳排放权交易市场重点排放单位数据报送、核查和配额清缴履约等监督管理工作，依法依规统一组织实施生态环境监管执法。鼓励企业公开温室气体排放相关信息，支持部分地区率先探索企业碳排放信息公开制度。加强自然保护地、生态保护红线等重点区域生态保护监管，开展生态系统保护和修复成效监测评估，增强生态系统固碳功能和适应气候变化能力。

（十六）推动督察考核统筹融合。推动将应对气候变化相关工作存在的突出问题、碳达峰目标任务落实情况等纳入生态环境保护督察范畴，紧盯督察问题整改。强化控制温室气体排放目标责任制，作为生态环境相关考核体系的重要内容，加大应对气候变化工作考核力度。按规定对未完成目标任务的地方人民政府及其相关部门负责人进行约谈，压紧压实应对气候变化工作责任。

五、强化创新引领，推动试点示范统筹融合

（十七）积极推进现有试点示范融合创新。修订完善生态示范创建、低碳试点等有关建设规范、评估标准和配套政策，将协同控制温室气体排放和改善生态环境质量作为试点示范的重要内容。逐步推进生态示范创建、低碳试点、适应气候变化试点等生态环境领

域试点示范工作的融合与整合，形成政策合力和集成效应。

（十八）积极推动部分地区和行业先行先试。支持有条件的地方和行业率先达到碳排放峰值，推动已经达峰的地方进一步降低碳排放，支持基础较好的地方探索开展近零碳排放与碳中和试点示范。选择典型城市和区域，开展空气质量达标与碳排放达峰"双达"试点示范。在钢铁、建材、有色等行业，开展大气污染物和温室气体协同控制试点示范。

（十九）积极推动重大科技创新和工程示范。将应对气候变化作为生态环境科技发展重点领域，积极协调国家重点研发计划加大支持力度。鼓励地方设立专项资金支持应对气候变化科技创新。积极推动应对气候变化领域国家重点实验室、国家重大科技基础设施以及省部级重点实验室、工程技术中心等科技创新平台建设。发布国家重点推广的低碳技术目录，利用国家生态环境科技成果转化综合服务平台等，积极推广先进适用技术。有序推动规模化、全链条二氧化碳捕集、利用和封存示范工程建设。鼓励开展温室气体与污染物协同减排相关技术研发、示范与推广。

六、担当大国责任，推动国际合作统筹融合

（二十）统筹开展国际合作与交流。积极参与和引领应对气候变化等生态环保国际合作，加快推进现有机制衔接、平台共建共享，形成工作合力。统筹推进与重点国家和地区之间的战略对话与务实合作。加强与联合国等多边机构合作，建立长期性、机制性的环境与气候合作伙伴关系。统筹推进"一带一路"、南南合作等区域环境与气候合作。继续实施"中国—东盟应对气候变化与空气质

量改善协同行动"。

（二十一）统筹做好国际公约谈判与履约。统筹推进全球应对气候变化、生物多样性保护、臭氧层保护、海洋保护、核安全等方面的国际谈判工作，统筹实施《巴黎协定》《蒙特利尔议定书》《生物多样性公约》等相关公约国内履约工作。

七、保障措施

（二十二）加强组织领导。生态环境部建立统筹和加强应对气候变化与生态环境保护相关工作协调机制，定期调度落实进展，加强跟踪评估和督促检查，协调解决实施中遇到的重大问题。加强与国家应对气候变化及节能减排工作领导小组成员单位沟通协作，协同推进应对气候变化与节能减排重点工作。各地要高度重视、周密部署，健全统筹和加强应对气候变化与生态环境保护相关工作的机制，确保落地见效。

（二十三）加强能力建设。着力提升地方各级党政领导干部和生态环境系统积极应对气候变化的意识。加强应对气候变化人员队伍和技术支撑能力建设。加大对应对气候变化相关技术研发、统计核算、宣传培训、项目实施等方面的资金支持力度。各地将应对气候变化经费纳入同级政府财政预算，落实相关经费保障政策。协调推动设立应对气候变化有关专项资金。充分发挥国家生态环境保护专家委员会、国家气候变化专家委员会等专业智库的决策支持作用。

（二十四）加强宣传引导。持续开展"六五环境日""全国低碳日"主题宣传活动，充分利用例行新闻发布、政务新媒体矩阵等，统筹开展应对气候变化与生态环境保护宣传教育，组织形式多样的科普活动,弘扬绿色低碳、勤俭节约之风。鼓励和推动大型活动实施碳中和,对典型案例进行宣传推广。积极向国际社会宣介生态文明理念,大力宣传绿色低碳发展和应对气候变化工作成效,讲好生态文明建设"中国故事"。

附录9 《碳排放权交易管理办法（试行）》[①]

生态环境部部令第 19 号

第一章　总则

第一条　为落实党中央、国务院关于建设全国碳排放权交易市场的决策部署，在应对气候变化和促进绿色低碳发展中充分发挥市场机制作用，推动温室气体减排，规范全国碳排放权交易及相关活动，根据国家有关温室气体排放控制的要求，制定本办法。

第二条　本办法适用于全国碳排放权交易及相关活动，包括碳排放配额分配和清缴，碳排放权登记、交易、结算，温室气体排放报告与核查等活动，以及对前述活动的监督管理。

[①] 《碳排放权交易管理办法（试行）》，生态环境部网站，https://www.mee.
gov.cn/xxgk2018/xxgk/xxgk02/202101/t20210105_816131.html。

第三条 全国碳排放权交易及相关活动应当坚持市场导向、循序渐进、公平公开和诚实守信的原则。

第四条 生态环境部按照国家有关规定建设全国碳排放权交易市场。

全国碳排放权交易市场覆盖的温室气体种类和行业范围，由生态环境部拟订，按程序报批后实施，并向社会公开。

第五条 生态环境部按照国家有关规定，组织建立全国碳排放权注册登记机构和全国碳排放权交易机构，组织建设全国碳排放权注册登记系统和全国碳排放权交易系统。

全国碳排放权注册登记机构通过全国碳排放权注册登记系统，记录碳排放配额的持有、变更、清缴、注销等信息，并提供结算服务。全国碳排放权注册登记系统记录的信息是判断碳排放配额归属的最终依据。

全国碳排放权交易机构负责组织开展全国碳排放权集中统一交易。

全国碳排放权注册登记机构和全国碳排放权交易机构应当定期向生态环境部报告全国碳排放权登记、交易、结算等活动和机构运行有关情况，以及应当报告的其他重大事项，并保证全国碳排放权注册登记系统和全国碳排放权交易系统安全稳定可靠运行。

第六条 生态环境部负责制定全国碳排放权交易及相关活动的技术规范，加强对地方碳排放配额分配、温室气体排放报告与核查的监督管理，并会同国务院其他有关部门对全国碳排放权交易及相关活动进行监督管理和指导。

省级生态环境主管部门负责在本行政区域内组织开展碳排放配额分配和清缴、温室气体排放报告的核查等相关活动，并进行监督管理。

设区的市级生态环境主管部门负责配合省级生态环境主管部门落实相关具体工作，并根据本办法有关规定实施监督管理。

第七条 全国碳排放权注册登记机构和全国碳排放权交易机构及其工作人员，应当遵守全国碳排放权交易及相关活动的技术规范，并遵守国家其他有关主管部门关于交易监管的规定。

第二章 温室气体重点排放单位

第八条 温室气体排放单位符合下列条件的，应当列入温室气体重点排放单位（以下简称重点排放单位）名录：

（一）属于全国碳排放权交易市场覆盖行业；

（二）年度温室气体排放量达到 2.6 万吨二氧化碳当量。

第九条 省级生态环境主管部门应当按照生态环境部的有关规定，确定本行政区域重点排放单位名录，向生态环境部报告，并向社会公开。

第十条 重点排放单位应当控制温室气体排放，报告碳排放数据，清缴碳排放配额，公开交易及相关活动信息，并接受生态环境主管部门的监督管理。

第十一条 存在下列情形之一的，确定名录的省级生态环境主管部门应当将相关温室气体排放单位从重点排放单位名录中移出：

（一）连续二年温室气体排放未达到 2.6 万吨二氧化碳当量的；

（二）因停业、关闭或者其他原因不再从事生产经营活动，因而不再排放温室气体的。

第十二条 温室气体排放单位申请纳入重点排放单位名录的，确定名录的省级生态环境主管部门应当进行核实；经核实符合本办法第八条规定条件的，应当将其纳入重点排放单位名录。

第十三条 纳入全国碳排放权交易市场的重点排放单位，不再参与地方碳排放权交易试点市场。

第三章 分配与登记

第十四条 生态环境部根据国家温室气体排放控制要求，综合考虑经济增长、产业结构调整、能源结构优化、大气污染物排放协同控制等因素，制定碳排放配额总量确定与分配方案。

省级生态环境主管部门应当根据生态环境部制定的碳排放配额总量确定与分配方案，向本行政区域内的重点排放单位分配规定年度的碳排放配额。

第十五条 碳排放配额分配以免费分配为主，可以根据国家有关要求适时引入有偿分配。

第十六条 省级生态环境主管部门确定碳排放配额后，应当书面通知重点排放单位。

重点排放单位对分配的碳排放配额有异议的，可以自接到通知之日起七个工作日内，向分配配额的省级生态环境主管部门申请复核；省级生态环境主管部门应当自接到复核申请之日起十个工作日内，作出复核决定。

第十七条 重点排放单位应当在全国碳排放权注册登记系统开立账户，进行相关业务操作。

第十八条　重点排放单位发生合并、分立等情形需要变更单位名称、碳排放配额等事项的，应当报经所在地省级生态环境主管部门审核后，向全国碳排放权注册登记机构申请变更登记。全国碳排放权注册登记机构应当通过全国碳排放权注册登记系统进行变更登记，并向社会公开。

第十九条　国家鼓励重点排放单位、机构和个人，出于减少温室气体排放等公益目的自愿注销其所持有的碳排放配额。

自愿注销的碳排放配额，在国家碳排放配额总量中予以等量核减，不再进行分配、登记或者交易。相关注销情况应当向社会公开。

第四章　排放交易

第二十条　全国碳排放权交易市场的交易产品为碳排放配额，生态环境部可以根据国家有关规定适时增加其他交易产品。

第二十一条　重点排放单位以及符合国家有关交易规则的机构和个人，是全国碳排放权交易市场的交易主体。

第二十二条　碳排放权交易应当通过全国碳排放权交易系统进行，可以采取协议转让、单向竞价或者其他符合规定的方式。

全国碳排放权交易机构应当按照生态环境部有关规定，采取有效措施，发挥全国碳排放权交易市场引导温室气体减排的作用，防止过度投机的交易行为，维护市场健康发展。

第二十三条　全国碳排放权注册登记机构应当根据全国碳排放权交易机构提供的成交结果，通过全国碳排放权注册登记系统为交易主体及时更新相关信息。

第二十四条 全国碳排放权注册登记机构和全国碳排放权交易机构应当按照国家有关规定，实现数据及时、准确、安全交换。

第五章 排放核查与配额清缴

第二十五条 重点排放单位应当根据生态环境部制定的温室气体排放核算与报告技术规范，编制该单位上一年度的温室气体排放报告，载明排放量，并于每年 3 月 31 日前报生产经营场所所在地的省级生态环境主管部门。排放报告所涉数据的原始记录和管理台账应当至少保存五年。

重点排放单位对温室气体排放报告的真实性、完整性、准确性负责。

重点排放单位编制的年度温室气体排放报告应当定期公开，接受社会监督，涉及国家秘密和商业秘密的除外。

第二十六条 省级生态环境主管部门应当组织开展对重点排放单位温室气体排放报告的核查，并将核查结果告知重点排放单位。核查结果应当作为重点排放单位碳排放配额清缴依据。

省级生态环境主管部门可以通过政府购买服务的方式委托技术服务机构提供核查服务。技术服务机构应当对提交的核查结果的真实性、完整性和准确性负责。

第二十七条 重点排放单位对核查结果有异议的，可以自被告知核查结果之日起七个工作日内，向组织核查的省级生态环境主管部门申请复核；省级生态环境主管部门应当自接到复核申请之日起十个工作日内，作出复核决定。

第二十八条　重点排放单位应当在生态环境部规定的时限内，向分配配额的省级生态环境主管部门清缴上年度的碳排放配额。清缴量应当大于等于省级生态环境主管部门核查结果确认的该单位上年度温室气体实际排放量。

第二十九条　重点排放单位每年可以使用国家核证自愿减排量抵销碳排放配额的清缴，抵销比例不得超过应清缴碳排放配额的5%。相关规定由生态环境部另行制定。

用于抵销的国家核证自愿减排量，不得来自纳入全国碳排放权交易市场配额管理的减排项目。

第六章　监督管理

第三十条　上级生态环境主管部门应当加强对下级生态环境主管部门的重点排放单位名录确定、全国碳排放权交易及相关活动情况的监督检查和指导。

第三十一条　设区的市级以上地方生态环境主管部门根据对重点排放单位温室气体排放报告的核查结果，确定监督检查重点和频次。

设区的市级以上地方生态环境主管部门应当采取"双随机、一公开"的方式，监督检查重点排放单位温室气体排放和碳排放配额清缴情况，相关情况按程序报生态环境部。

第三十二条　生态环境部和省级生态环境主管部门，应当按照职责分工，定期公开重点排放单位年度碳排放配额清缴情况等信息。

第三十三条　全国碳排放权注册登记机构和全国碳排放权交易

机构应当遵守国家交易监管等相关规定，建立风险管理机制和信息披露制度，制定风险管理预案，及时公布碳排放权登记、交易、结算等信息。

全国碳排放权注册登记机构和全国碳排放权交易机构的工作人员不得利用职务便利谋取不正当利益，不得泄露商业秘密。

第三十四条　交易主体违反本办法关于碳排放权注册登记、结算或者交易相关规定的，全国碳排放权注册登记机构和全国碳排放权交易机构可以按照国家有关规定，对其采取限制交易措施。

第三十五条　鼓励公众、新闻媒体等对重点排放单位和其他交易主体的碳排放权交易及相关活动进行监督。

重点排放单位和其他交易主体应当按照生态环境部有关规定，及时公开有关全国碳排放权交易及相关活动信息，自觉接受公众监督。

第三十六条　公民、法人和其他组织发现重点排放单位和其他交易主体有违反本办法规定行为的，有权向设区的市级以上地方生态环境主管部门举报。

接受举报的生态环境主管部门应当依法予以处理，并按照有关规定反馈处理结果，同时为举报人保密。

第七章　罚则

第三十七条　生态环境部、省级生态环境主管部门、设区的市级生态环境主管部门的有关工作人员，在全国碳排放权交易及相关活动的监督管理中滥用职权、玩忽职守、徇私舞弊的，由其上级行政机关或者监察机关责令改正，并依法给予处分。

第三十八条　全国碳排放权注册登记机构和全国碳排放权交易机构及其工作人员违反本办法规定，有下列行为之一的，由生态环境部依法给予处分，并向社会公开处理结果：

（一）利用职务便利谋取不正当利益的；

（二）有其他滥用职权、玩忽职守、徇私舞弊行为的。

全国碳排放权注册登记机构和全国碳排放权交易机构及其工作人员违反本办法规定，泄露有关商业秘密或者有构成其他违反国家交易监管规定行为的，依照其他有关规定处理。

第三十九条　重点排放单位虚报、瞒报温室气体排放报告，或者拒绝履行温室气体排放报告义务的，由其生产经营场所所在地设区的市级以上地方生态环境主管部门责令限期改正，处一万元以上三万元以下的罚款。逾期未改正的，由重点排放单位生产经营场所所在地的省级生态环境主管部门测算其温室气体实际排放量，并将该排放量作为碳排放配额清缴的依据；对虚报、瞒报部分，等量核减其下一年度碳排放配额。

第四十条　重点排放单位未按时足额清缴碳排放配额的，由其生产经营场所所在地设区的市级以上地方生态环境主管部门责令限期改正，处二万元以上三万元以下的罚款；逾期未改正的，对欠缴部分，由重点排放单位生产经营场所所在地的省级生态环境主管部门等量核减其下一年度碳排放配额。

第四十一条　违反本办法规定，涉嫌构成犯罪的，有关生态环境主管部门应当依法移送司法机关。

第八章　附则

第四十二条　本办法中下列用语的含义：

（一）温室气体：是指大气中吸收和重新放出红外辐射的自然和人为的气态成分，包括二氧化碳（CO_2）、甲烷（CH_4）、氧化亚氮（N_2O）、氢氟碳化物（HFCs）、全氟化碳（PFCs）、六氟化硫（SF_6）和三氟化氮（NF_3）。

（二）碳排放：是指煤炭、石油、天然气等化石能源燃烧活动和工业生产过程以及土地利用变化与林业等活动产生的温室气体排放，也包括因使用外购的电力和热力等所导致的温室气体排放。

（三）碳排放权：是指分配给重点排放单位的规定时期内的碳排放额度。

（四）国家核证自愿减排量：是指对我国境内可再生能源、林业碳汇、甲烷利用等项目的温室气体减排效果进行量化核证，并在国家温室气体自愿减排交易注册登记系统中登记的温室气体减排量。

第四十三条　本办法自 2021 年 2 月 1 日起施行。

附录10 《国务院办公厅关于科学绿化的指导意见》①

国办发〔2021〕19号

各省、自治区、直辖市人民政府，国务院各部委、各直属机构：

科学绿化是遵循自然规律和经济规律、保护修复自然生态系统、建设绿水青山的内在要求，是改善生态环境、应对气候变化、维护生态安全的重要举措，对建设生态文明和美丽中国具有重大意义。为推动国土绿化高质量发展，经国务院同意，现提出以下意见。

一、总体要求

（一）指导思想。以习近平新时代中国特色社会主义思想为指导，全面贯彻党的十九大和十九届二中、三中、四中、五中全会精

---

① 《国务院办公厅关于科学绿化的指导意见》，中央人民政府网，http://www.gov.cn/zhengce/content/2021-06/02/content_5614922.htm。

神，深入贯彻习近平生态文明思想，认真落实党中央、国务院决策部署，立足新发展阶段、贯彻新发展理念、构建新发展格局，践行绿水青山就是金山银山的理念，尊重自然、顺应自然、保护自然，统筹山水林田湖草沙系统治理，走科学、生态、节俭的绿化发展之路；加强规划引领，优化资源配置，强化质量监管，完善政策机制，全面推行林长制，科学开展大规模国土绿化行动，增强生态系统功能和生态产品供给能力，提升生态系统碳汇增量，推动生态环境根本好转，为建设美丽中国提供良好生态保障。

（二）工作原则。

——坚持保护优先、自然恢复为主，人工修复与自然恢复相结合，遵循生态系统内在规律开展林草植被建设，着力提高生态系统自我修复能力和稳定性。

——坚持规划引领、顶层谋划，合理布局绿化空间，统筹推进山水林田湖草沙一体化保护和修复。

——坚持因地制宜、适地适绿，充分考虑水资源承载能力，宜乔则乔、宜灌则灌、宜草则草，构建健康稳定的生态系统。

——坚持节约优先、量力而行，统筹考虑生态合理性和经济可行性，数量和质量并重，节俭务实开展国土绿化。

二、主要任务

（三）科学编制绿化相关规划。地方人民政府要组织编制绿化相关规划，与国土空间规划相衔接，叠加至同级国土空间规划"一张图"，实现多规合一。落实最严格的耕地保护制度，合理确定规划范围、绿化目标任务；城市绿化规划要满足城市健康、安全、宜居的要求。地方人民政府要加强对绿化相关规划实施的检查和督促落实，任何部门、单位或个人不得随意变更规划，不得擅自改变绿化用地面积、性质和用途。（国家林草局、国家发展改革委、自然资源部、住房城乡建设部、交通运输部、水利部等按职责分工负责，地方人民政府负责落实。以下均需地方人民政府落实，不再列出）

（四）合理安排绿化用地。各地要根据第三次全国国土调查数据和国土空间规划，综合考虑土地利用结构、土地适宜性等因素，科学划定绿化用地，实行精准化管理。以宜林荒山荒地荒滩、荒废和受损山体、退化林地草地等为主开展绿化。结合城市更新，采取拆违建绿、留白增绿等方式，增加城市绿地。鼓励特大城市、超大城市通过建设用地腾挪、农用地转用等方式加大留白增绿力度，留足绿化空间。鼓励通过农村土地综合整治，利用废弃闲置土地增加村庄绿地；结合高标准农田建设，科学规范、因害设防建设农田防护林。依法合规开展铁路、公路、河渠两侧，湖库周边等绿化建设。严禁违规占用耕地绿化造林，确需占用的，必须依法依规严格履行审批手续。遏制耕地"非农化"、防止"非粮化"。严禁开山造地、填湖填海绿化，禁止在河湖管理范围内种植阻碍行洪的林木。（自然资源部、国家林草局、住房城乡建设部、交通运输部、水利部、农业农村部、中国国家铁路集团有限公司等按职责分工负责）

（五）合理利用水资源。国土绿化要充分考虑降水、地表水、地下水等水资源的时空分布和承载能力，坚持以水而定、量水而行，宜绿则绿、宜荒则荒，科学恢复林草植被。年降水量400毫米以下干旱半干旱地区的绿化规划要经过水资源论证，以雨养、节水为导向，以恢复灌草植被为主，推广乔灌草结合的绿化模式，提倡低密度造林育林，合理运用集水、节水造林种草技术，防止过度用水造成生态环境破坏。加强人工增雨作业，提高造林绿化效率。统筹生活、生产、生态用水需求，合理配置绿化用水，适度有序开展城镇周边节水绿化。绿洲农业区要充分考虑水资源条件，加强天然绿洲和生态过渡带保护，兼顾绿洲保护和农田防护林用水需求，合理确定造林规模和密度，确保农业生态屏障可持续发展。（国家林草局、水利部、农业农村部、中国气象局等按职责分工负责）

（六）科学选择绿化树种草种。积极采用乡土树种草种进行绿化，审慎使用外来树种草种。各地要制定乡土树种草种名录，提倡使用多样化树种营造混交林。根据自然地理气候条件、植被生长发育规律、生活生产生态需要，合理选择绿化树种草种。江河两岸、湖库周边要优先选用抗逆性强、根系发达、固土能力强、防护性能好的树种草种。干旱缺水、风沙严重地区要优先选用耐干旱、耐瘠薄、抗风沙的灌木树种和草种。海岸带要优先选用耐盐碱、耐水湿、抗风能力强的深根性树种。水土流失严重地区要优先选用根系发达、固土保水能力强的防护树种草种。水热条件好、土层深厚地区要优先选用生长快、产量高、抗病虫害的优良珍贵用材树种。居民区周边要兼顾群众健康因素，避免选用易致人体过敏的树种草种。加大乡土树种草种采种生产、种苗繁育基地建设力度，引导以需定产、订单育苗、就近育苗，避免长距离调运绿化种苗。（国家林草局、水利部等按职责分工负责）

（七）规范开展绿化设计施工。承担国家投资或以国家投资为主的绿化项目建设单位要编制作业设计（或绿化方案，下同），绿化项目主管部门要会同相关部门对作业设计的用地、用水、技术措施等进行合理性评价,并监督实施。社会普遍关心且政府主导的重大绿化项目,必须经过科学论证,广泛听取各方面意见。加强绿化施工管理,充分保护原生植被、野生动物栖息地、珍稀植物等,禁止毁坏表土、全垦整地等,避免造成水土流失或土地退化。(国家林草局、自然资源部、住房城乡建设部、交通运输部、水利部、中国国家铁路集团有限公司等按职责分工负责)

(八)科学推进重点区域植被恢复。根据全国重要生态系统保护和修复重大工程总体布局,针对重点区域的突出生态问题,因地制宜确定绿化方式。长江、黄河等大江大河的源头、干支流、左右岸要加强封山育林育草,推进水源涵养林、水土保持林建设和小流域综合治理;北方防沙带要加大封禁保护力度,建设以灌草为主、乔灌草合理搭配的林草植被;青藏高原区要严格保护原生植被,主要依靠自然恢复天然林草植被,适度开展退化土地治理、矿山生态修复和人工草场建设;海岸带要加强沿海防护林体系建设,积极推进城乡绿化美化;东北森林带要加大天然林保护修复力度;南方丘陵山地带要推进水土流失和石漠化综合治理,精准提升森林质量,构建稳定高效多功能的林草生态系统,筑牢生态屏障。(国家林草局、自然资源部、住房城乡建设部、水利部等按职责分工负责)

(九)稳步有序开展退耕还林还草。进一步完善退耕还林还草政策,建立长效机制,切实巩固退耕还林还草成果。落实国务院已批准的 25 度以上坡耕地、陡坡梯田、重要水源地 15—25 度坡耕地、严重沙化耕地、严重污染耕地的退耕还林还草任务。相关主管部门要做好退耕地块的土地用途变更和不动产变更登记工作。开展退耕还林还草要结合生态建设和产业发展需要,充分考虑群众意愿，兼顾生态和经济效益。科学发展特色经济林果、花卉苗木、林下经济等绿色富民产业，实现经济发展和民生改善良性循环。（国家发展改革委、财政部、国家林草局、自然资源部、农业农村部等按职责分工负责）

（十）节俭务实推进城乡绿化。充分利用城乡废弃地、边角地、房前屋后等见缝插绿，推进立体绿化，做到应绿尽绿。增强城乡绿地的系统性、协同性，构建绿道网络，实现城乡绿地连接贯通。加大城乡公园绿地建设力度，形成布局合理的公园体系。提升城乡绿地生态功能，有效发挥绿地服务居民休闲游憩、体育健身、防灾避险等综合功能。推广抗逆性强、养护成本低的地被植物，提倡种植低耗水草坪，减少种植高耗水草坪。加大杨柳飞絮、致敏花粉等防治研究和治理力度，提升城乡居民绿色宜居感受。鼓励农村"四旁"（水旁、路旁、村旁、宅旁）种植乡土珍贵树种，打造生态宜居的美丽乡村。选择适度规格的苗木，除必须截干栽植的树种外，应使用全冠苗。尊重自然规律，坚决反对"大树进城"等急功近利行为，避免片面追求景观化，切忌行政命令瞎指挥，严禁脱离实际、铺张浪费、劳民伤财搞绿化的面子工程、形象工程。（住房城乡建设部、自然资源部、国家林草局、交通运输部等按职责分工负责）

（十一）巩固提升绿化质量和成效。各地要对新造幼林地进行封山育林，加强抚育管护、补植补造，建立完善绿化后期养护管护制度和投入机制，提高成林率。国有林业企事业单位要科学编制森林经营方案，科学、规范、可持续开展森林经营活动。鼓励发展家庭林场、股份合作林场等，支持国有林场场外造林，积极推动集体林适度规模经营。实施森林质量精准提升工程，加大森林抚育、退化林修复力度，优化森林结构和功能，提高森林生态系统质量、稳定性和碳汇能力。加大人工针叶纯林改造力度，开展健康森林建设，增强松材线虫病等有害生物灾害防控能力。加强森林草原防火基础能力建设。实施草原保护修复重大工程，加快退化草原恢复，提升草原生态功能和生产能力。采取有偿方式合理利用国有森林、草原及景观资源开展生态旅游、森林康养等，提高林草资源综合效益。强化林地草地用途管制，严厉查处乱砍滥伐、非法开垦、非法侵占林地草地和公园绿地等违法行为。严格保护修复古树名木及其自然生境，对古树名木实行挂牌保护，及时抢救复壮。（国家林草局、住房城乡建设部等按职责分工负责）

（十二）创新开展监测评价。依据国土空间规划"一张图"，将绿化任务和绿化成果落到实地、落到图斑、落到数据库，重点生态保护修复工程要推进作业设计编制、施工、检查验收全过程监管，全面监测林草资源状况变化。构建天空地一体化综合监测评价体系，运用自然资源调查、林草资源监测及年度更新成果，提升国土绿化状况监测信息化精准化水平。按照林草一体化要求因地制宜设定评价指标，制定国土绿化成效评价办法，科学评价国土绿化成效。（国家林草局、自然资源部等按职责分工负责）

三、保障措施

（十三）完善政策机制。各级人民政府要合理安排资金，将国土绿化列入预算，不断优化投资结构。鼓励地方采取以奖代补、贷款贴息等方式创新国土绿化投入机制，实行差异化财政补助政策，支持引导营造混交林、在旱区营造灌木林、在条件适宜地区飞播造林和封山育林、使用乡土珍贵树种育苗造林、实施退化草原种草改良等。中央财政继续通过造林补助等资金渠道支持乡村绿化。在不新增隐性债务的前提下，鼓励金融机构创新金融产品和服务方式，支持社会资本依法依规参与国土绿化和生态保护修复。制定林业草原碳汇行动方案，深化集体林权制度改革，加快建立生态产品价值实现机制，完善生态补偿机制。（国家发展改革委、财政部、人民银行、国家林草局等按职责分工负责）

（十四）健全管理制度。完善土地支持政策，对集中连片开展国土绿化、生态修复达到一定规模和预期目标的经营主体，可在符合国土空间规划的前提下，在依法办理用地审批和供地手续后，将一定的治理面积用于生态旅游、森林康养等相关产业开发。探索特大城市、超大城市的公园绿地依法办理用地手续但不纳入城乡建设用地规模管理的新机制。完善林木采伐管理政策，优先保障森林抚育、退化林修复、林分更新改造等采伐需求，促进森林质量提升和灾害防控；放活人工商品林自主经营，规模经营的人工商品林可单独编制森林采伐限额，统一纳入年采伐限额管理。将造林绿化后期管护纳入生态护林（草）员职责范围，并与生态护林（草）员绩效挂钩。完善并落实草原承包经营制度，明确所有权、使用权，稳定承包权，放活经营权，规范草原经营权流转，压实责任主体，持续改善草原生态状况。（自然资源部、国家林草局等按职责分工负责）

（十五）强化科技支撑。开展林草种质资源普查和林木良种、草品种审定，加强重要乡土树种草种资源收集保护、开发利用、种苗繁育等关键技术和设施研发。优化完善国土绿化技术标准体系。健全生态定位观测监测体系。通过国家科技计划（专项、基金等），开展松材线虫病等重大有害生物灾害防控、林水关系、乡土珍稀树种扩繁等科技攻关。加大国土绿化和生态保护修复机械装备研发力度。遴选储备、推广实施一批实用管用的生态保护修复科技成果转化项目。（国家林草局、科技部等按职责分工负责）

（十六）加强组织领导。全面推行林长制，明确地方领导干部保护发展森林草原资源目标责任。地方各级人民政府要切实履行科学绿化主体责任，明确相关部门的目标任务和落实措施。各级绿化委员会要充分发挥组织领导、宣传发动、协调指导等作用，强化国土绿化管理、监督检查、考核评价等工作，持之以恒推进全民义务植树。对科学绿化成效显著的单位和个人，按照国家有关规定给予表彰、奖励。对违背科学规律和群众意愿搞绿化的错误行为，要及时制止纠正；对造成不良影响和严重后果的，要依法依规追责。广泛开展宣传教育，弘扬科学绿化理念，普及科学绿化知识，倡导节俭务实绿化风气，树立正确的绿化发展观政绩观。加强舆论引导，积极回应社会关切，营造科学绿化的良好氛围。（各相关部门按职责分工负责）

图书在版编目（CIP）数据

碳中和产业路线 / 刘强，袁铨编著. -- 北京 : 社
会科学文献出版社，2022.1（2022.3 重印）
ISBN 978 - 7 - 5201 - 9599 - 7

Ⅰ.①碳… Ⅱ.①刘… ②袁… Ⅲ.①中国经济 - 低
碳经济 - 经济发展②二氧化碳 - 排污交易 - 研究 - 中国
Ⅳ.①F124.5②X511

中国版本图书馆 CIP 数据核字（2021）第 279051 号

碳中和产业路线

编　　著／刘　强　袁　铨

出　版　人／王利民
组稿编辑／恽　薇
责任编辑／陈凤玲　李真巧
责任印制／王京美

出　　　版／社会科学文献出版社·经济与管理分社（010）59367226
　　　　　　地址：北京市北三环中路甲 29 号院华龙大厦　邮编：100029
　　　　　　网址：www.ssap.com.cn
发　　　行／社会科学文献出版社（010）59367028
印　　　装／三河市龙林印务有限公司

规　　　格／开　本：787mm × 1092mm　1/16
　　　　　　印　张：15.75　字　数：180 千字
版　　　次／2022 年 1 月第 1 版　2022 年 3 月第 2 次印刷
书　　　号／ISBN 978 - 7 - 5201 - 9599 - 7
定　　　价／79.00 元

读者服务电话：4008918866